Stéphane Ternoise

Saint-Cirq-Lapopie,

le plus beau village de France ?

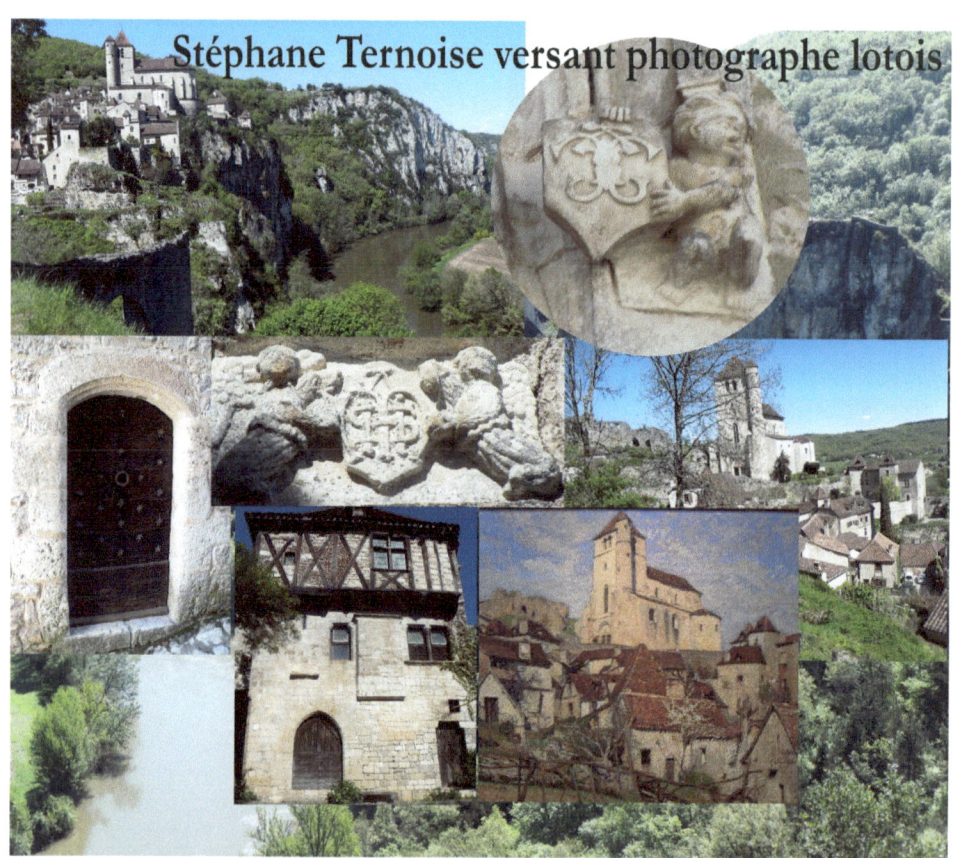

Stéphane Ternoise versant photographe lotois

Jean-Luc Petit éditions – Collection Photos

Saint-Cirq-Lapopie, le plus beau village de France ?

Stéphane Ternoise versant photographe lotois

Livre conçu pour une présentation numérique en mai 2012, dans un pays où l'ebook représente la chance des écrivains, l'édition en papier étant contrôlée par des mastodontes financiers tenus par des hommes installés dans les grandes fortunes du pays et soutenus par nos élus ; adapté en papier en mars 2014 après l'obtention d'un identifiant fiscal US... L'indépendance passe par les États-Unis... Ne croyez pas forcément la manipulation des foules vous incitant à acheter en librairies traditionnelles... où se vendent les produits de l'oligarchie.
La distorsion de concurrence en est en au point que ce livre, s'il est acheté par une bibliothèque, l'éditeur ne touchera pas un centime du financement public lié au droit de prêt alors qu'un bouquin de chez Lagardère, Gallimard ou Fabre passe à la caisse... (lire *Conforme à notre Constitution, la Loi sur le droit de prêt en bibliothèque ?*). Le sénateur Miquel devenu maire de ce village n'a pas soulevé ce problème lors de ses interventions parisiennes...

Du même auteur*

Certaines œuvres sont connues sous différents titres.

Romans

Le Roman de la Révolution Numérique
La Faute à Souchon : (Le roman du show-biz et de la sagesse)
Quand les familles sans toit sont entrées dans les maisons fermées
Liberté j'ignorais tant de Toi (Libertés d'avant l'an 2000)
Viré, viré, viré, même viré du Rmi !
Ils ne sont pas intervenus (Peut-être un roman autobiographique)

Théâtre

Neuf femmes et la star
Les secrets de maître Pierre, notaire de campagne
Ça magouille aux assurances
Chanteur, écrivain : même cirque
Deux sœurs et un contrôle fiscal
Amour, sud et chansons
Pourquoi est-il venu :
Aventures d'écrivains régionaux
Avant les élections présidentielles
Scènes de campagne, scènes du Quercy
Blaise Pascal serait webmaster
Trois femmes et un Amour
J'avais 25 ans
 « Révélations » sur « les apparitions d'Astaffort » Brel Cabrel

Théâtre pour troupes d'enfants

La fille aux 200 doudous
Les filles en profitent
Révélations sur la disparition du père Noël
Le lion l'autruche et le renard,
Mertilou prépare l'été
Nous n'irons plus au restaurant

* extrait du catalogue, voir www.ternoise.net

Stéphane Ternoise

Saint-Cirq-Lapopie, le plus beau village de France ?

Stéphane Ternoise versant photographe lotois

Sortie en numérique : 21 mai 2012

Jean-Luc Petit éditeur – Collection Photos

Stéphane Ternoise versant lotois :

http://www.lotois.fr

Tout simplement et logiquement !...

Tous droits de traduction, de reproduction, d'utilisation, d'interprétation et d'adaptation réservés pour tous pays, pour toutes planètes, pour tous univers.

Site officiel : http://www.ecrivain.pro

© Jean-Luc PETIT - BP 17 - 46800 Montcuq – France

Saint-Cirq-Lapopie, le plus beau village de France ?

Stéphane Ternoise versant photographe lotois

Quand je suis arrivé dans le Lot, ce fut l'une des premières questions fréquentes "Etes-vous passé par Saint-Cirq-Lapopie ?"

Voir Saint-Cirq-Lapopie... et y revenir dans une démarche professionnelle : sur les traces du peintre Henri Martin, pour observer l'emprise du temps sur les modèles de ses tableaux. Mais Saint-Cirq-Lapopie mérite bien un ebook (livre édité en papier en 2014) à lui tout seul.
Saint-Cirq-Lapopie, le plus beau village de France ?

Saint-Cirq-Lapopie, village médiéval surplombant le Lot, à 30 km à l'est de Cahors, au cœur du Parc naturel régional des Causses du Quercy.

Une église fortifiée, des maisons aux toits pentus recouverts de tuiles brunes, à arcades, à pans de bois... J'ai marché, photographié...

J'ai souhaité vous montrer ces quelques photos dans le cadre du projet http://www.france.wf versant http://www.lotois.fr

Stéphane Ternoise

P.S. 2014 : Depuis, d'autres photos, plus intéressantes même, furent réalisées. Elles seront sûrement publiées mais ce livre se devait de se limiter à la première approche numérique.

Edition revue en 2015 avec l'ajout de la partie "retour".

7	Présentation
9	Le sentier de la Chapelle des Mariniers
13	Porte de Rocamadour ou porte de Pelissaria
15	Entrée rue de la Pelissaria
20	La place du Carol
25	Vue sur le Lot et la vallée de la place du Carol
28	Maison Rignault
31	Marcher sans carte...
44	Maison Daura
49	Le Rocher de la Popie
52	Le Pigeonnier de Bancourel
56	Saint Cirq Lapopie selon Henri Martin
58	Les toits (Saint Cirq Lapopie) par Henri Martin
60	Redescendre...
61	L'église...
63	L'écluse
66	Repartir...
69	Retour
73	Auteur

Le sentier de la Chapelle des Mariniers

Arrivant de Limogne-en-Quercy, je me suis arrêté au Parc gratuit avant la montée de Saint-Cirq-Lapopie.
Et j'ai suivi le conseil du panneau marron, accédant au cœur du village via le sentier "de la Chapelle des Mariniers."

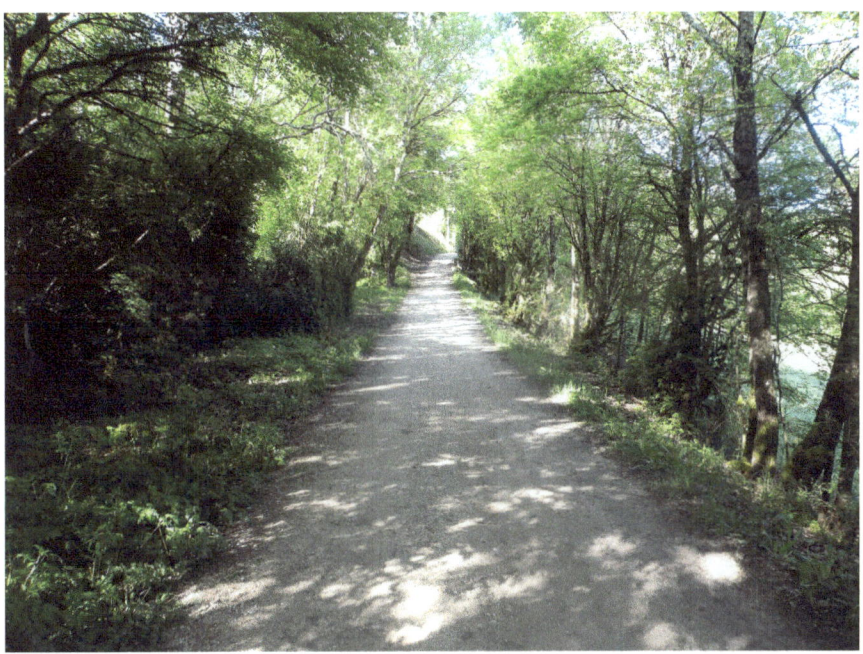

Sur la droite, un portail en fer forgé, représentant une toile d'araignée, a attiré mon attention. Entrée principale d'un jardin et sa modeste habitation, un ancien pigeonnier. J'aime les pigeonniers et celui-ci, aux trous d'envol fut orné de statuettes...

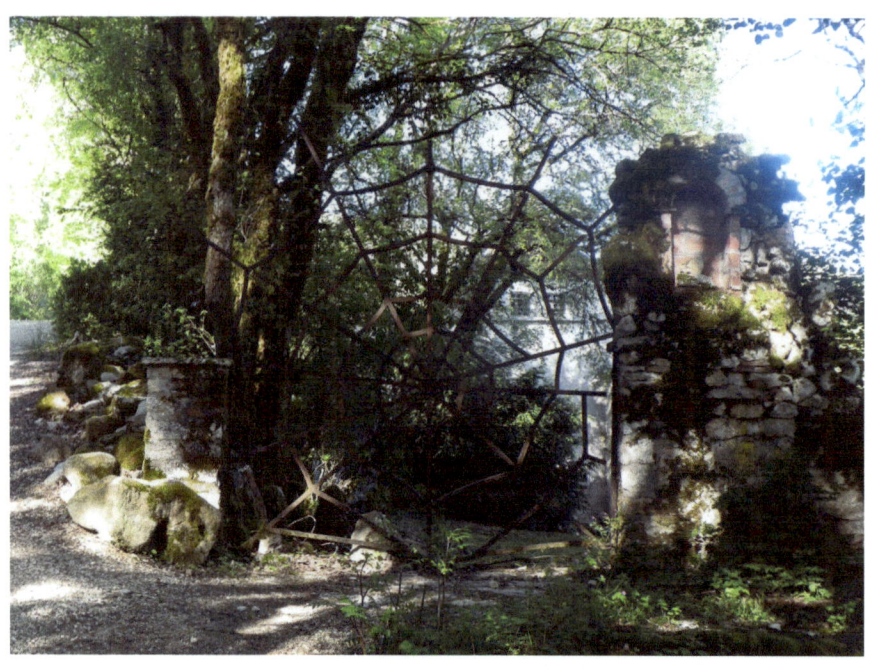

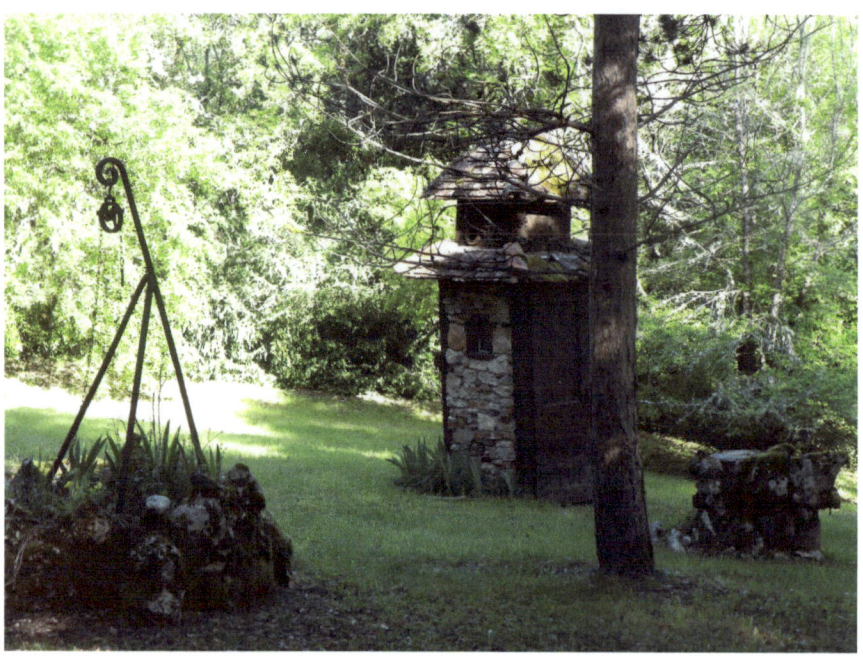

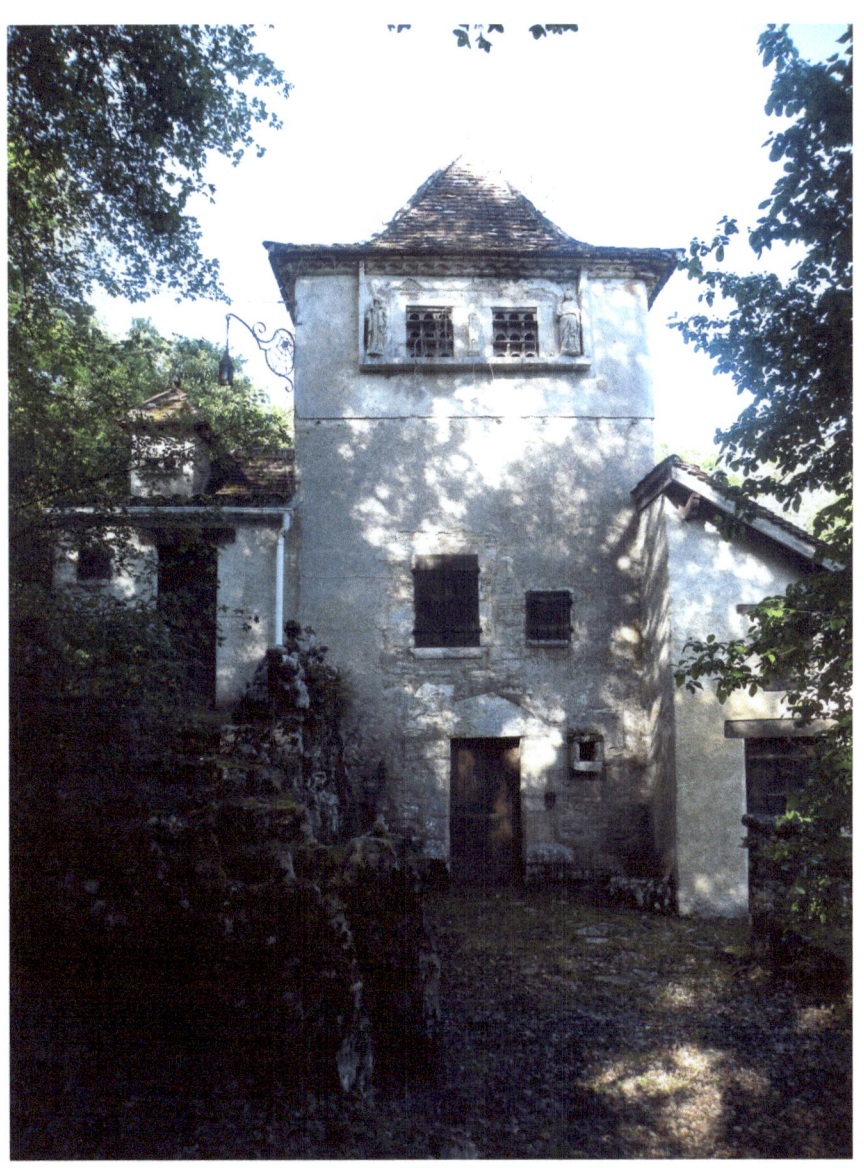

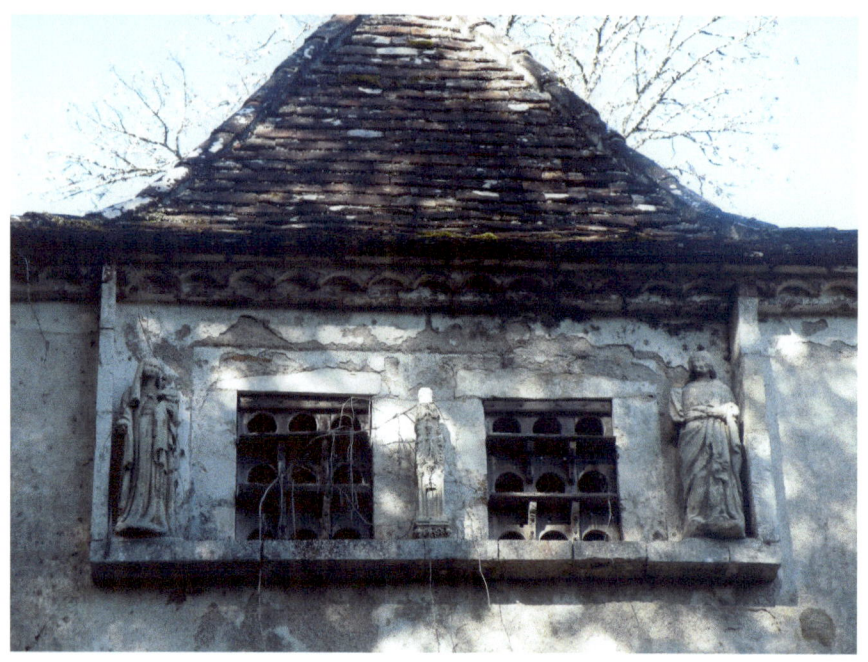

Ce chemin nous amène à la Porte de Rocamadour, aussi appelée porte de Pelissaria.

Porte de Rocamadour ou porte de Pelissaria

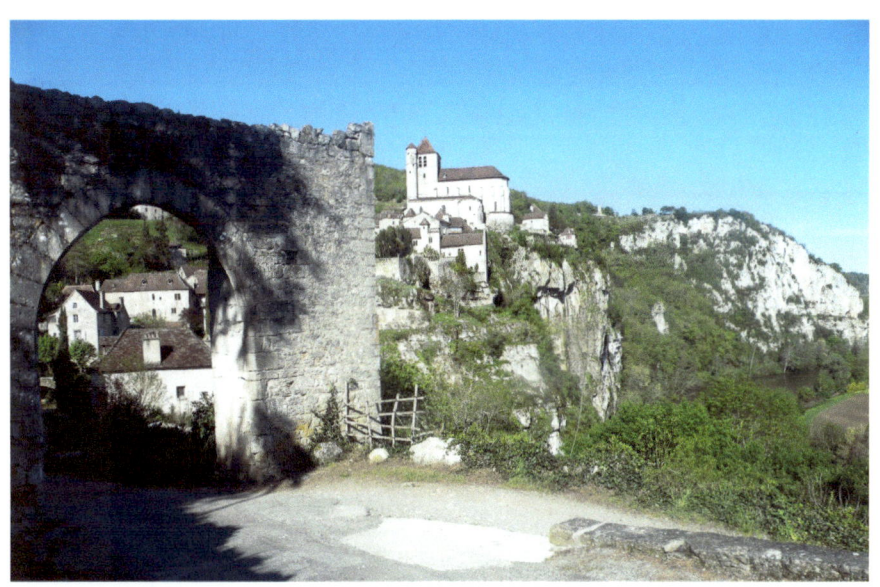

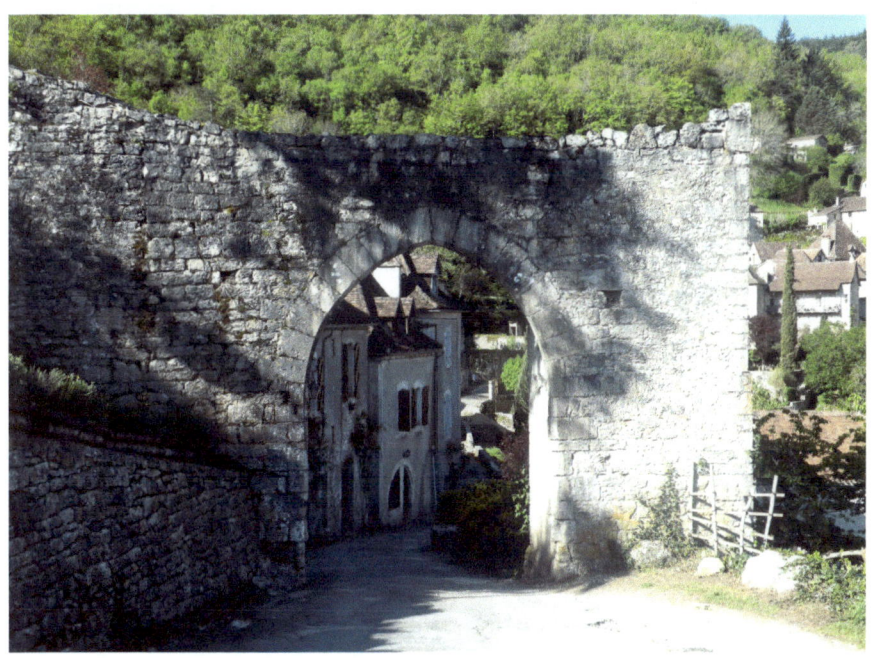

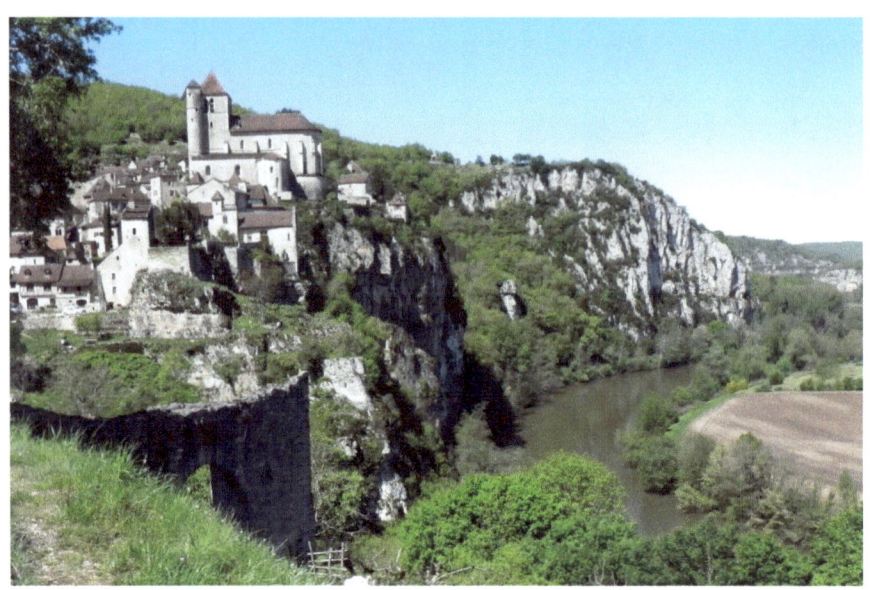

L'église de Saint-Cirq reviendra régulièrement dans cet ebook (livre papier en 2014). Une église gothique édifiée à partir de 1522, ayant englobé la chapelle seigneuriale romane.

Entrée rue de la Pelissaria

Des maisons à étage en pans de bois des XV & XVIème siècles.
D'autres à arcades, échoppes des XVI & XVIIème siècles…
Il s'agissait d'échoppes des peaussiers, et l'origine du nom de cette rue s'éclaire.

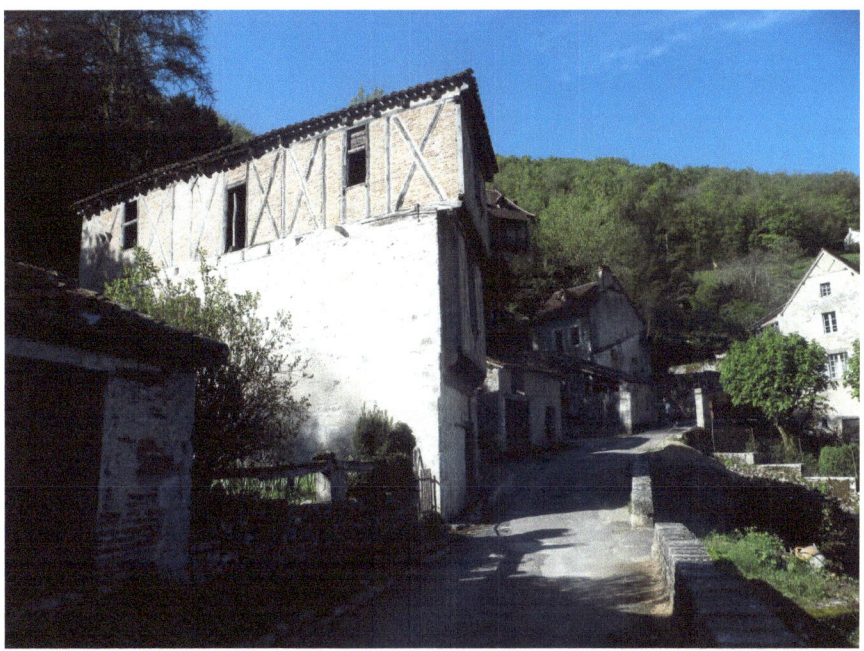

Sur la droite, vue l'église de Saint-Cirq et le pigeonnier-mirador du peintre Henri Martin… On remarque aussi que tout l'espace ne fut pas sacrifié à l'habitation :

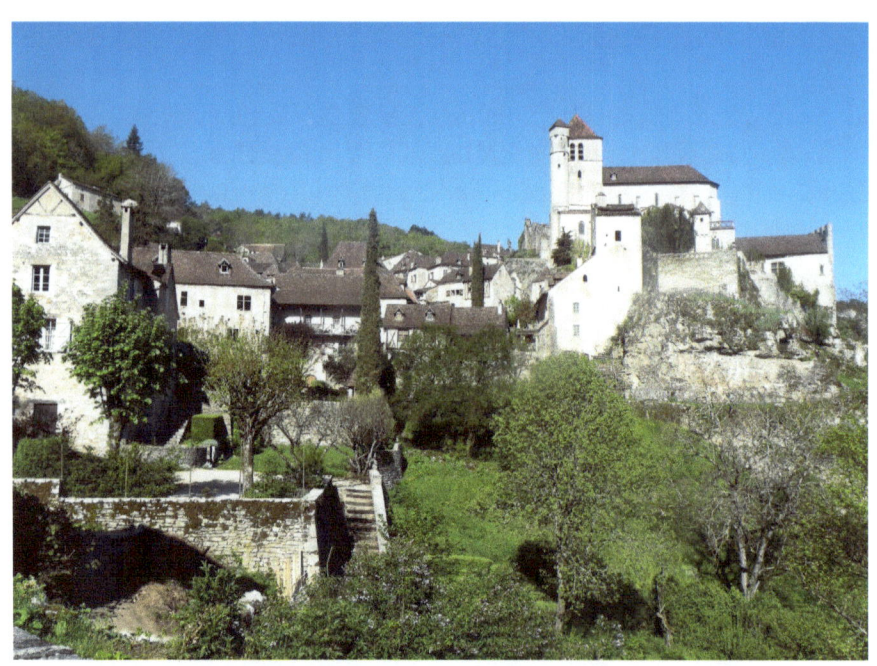

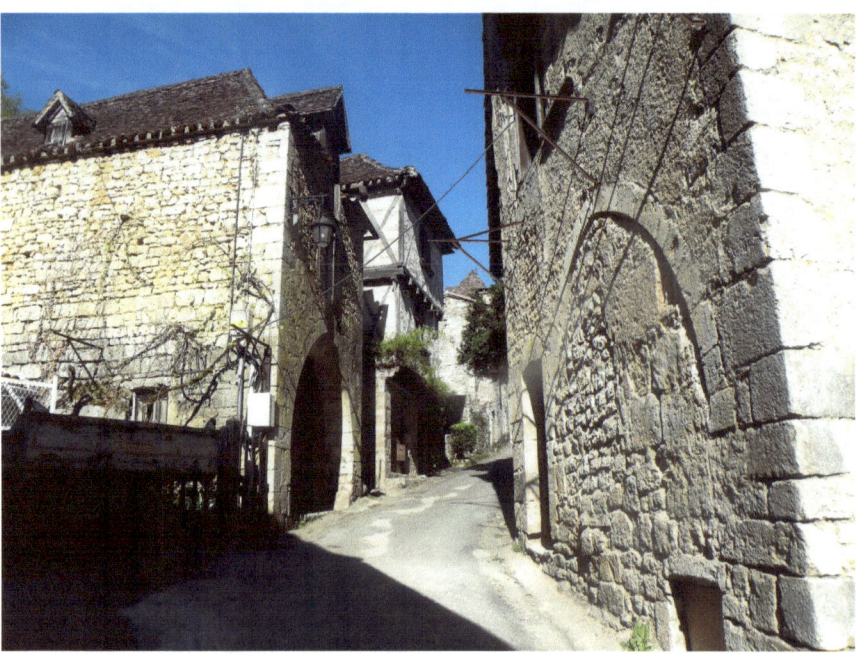

L'ensemble arcade et porte, d'une maison en restauration.

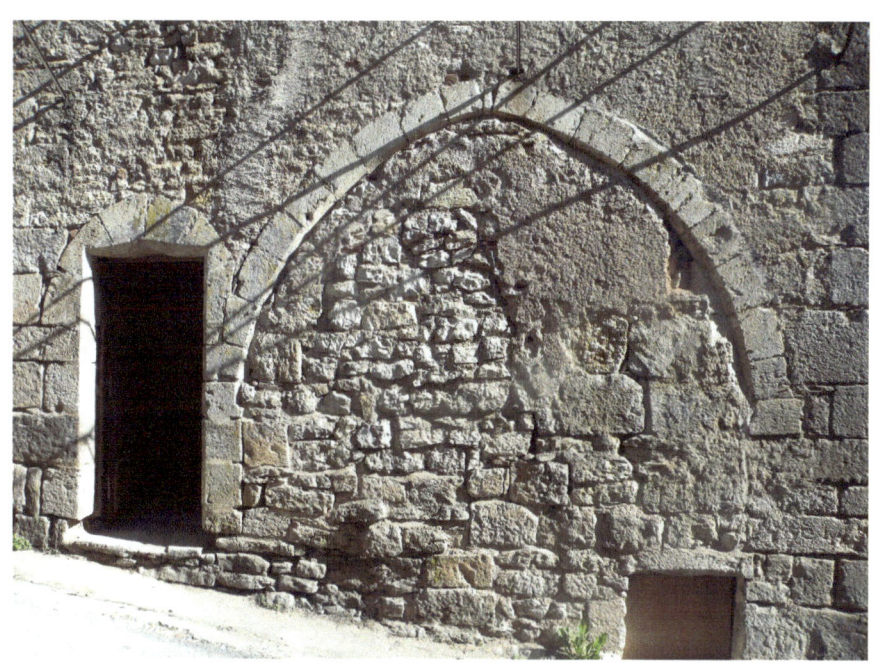

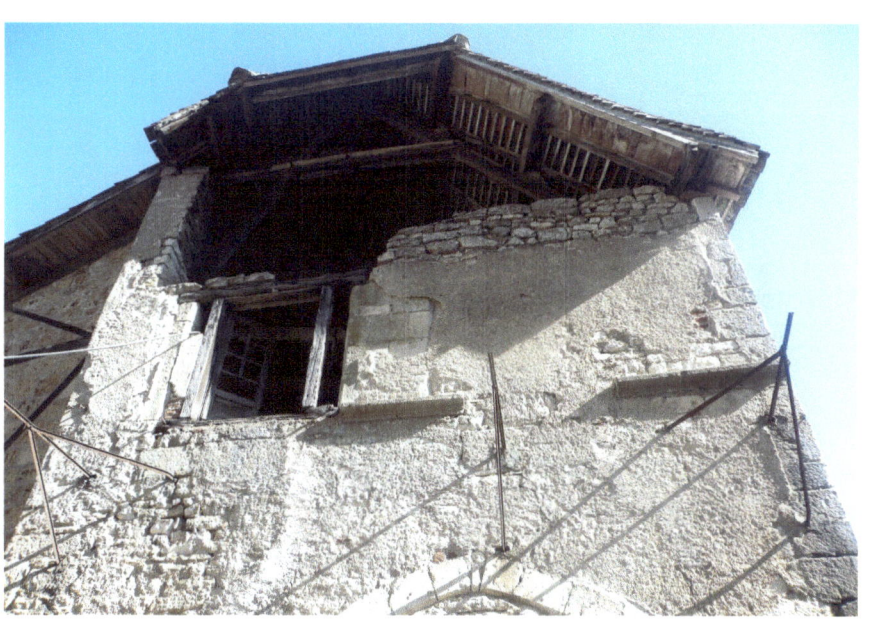

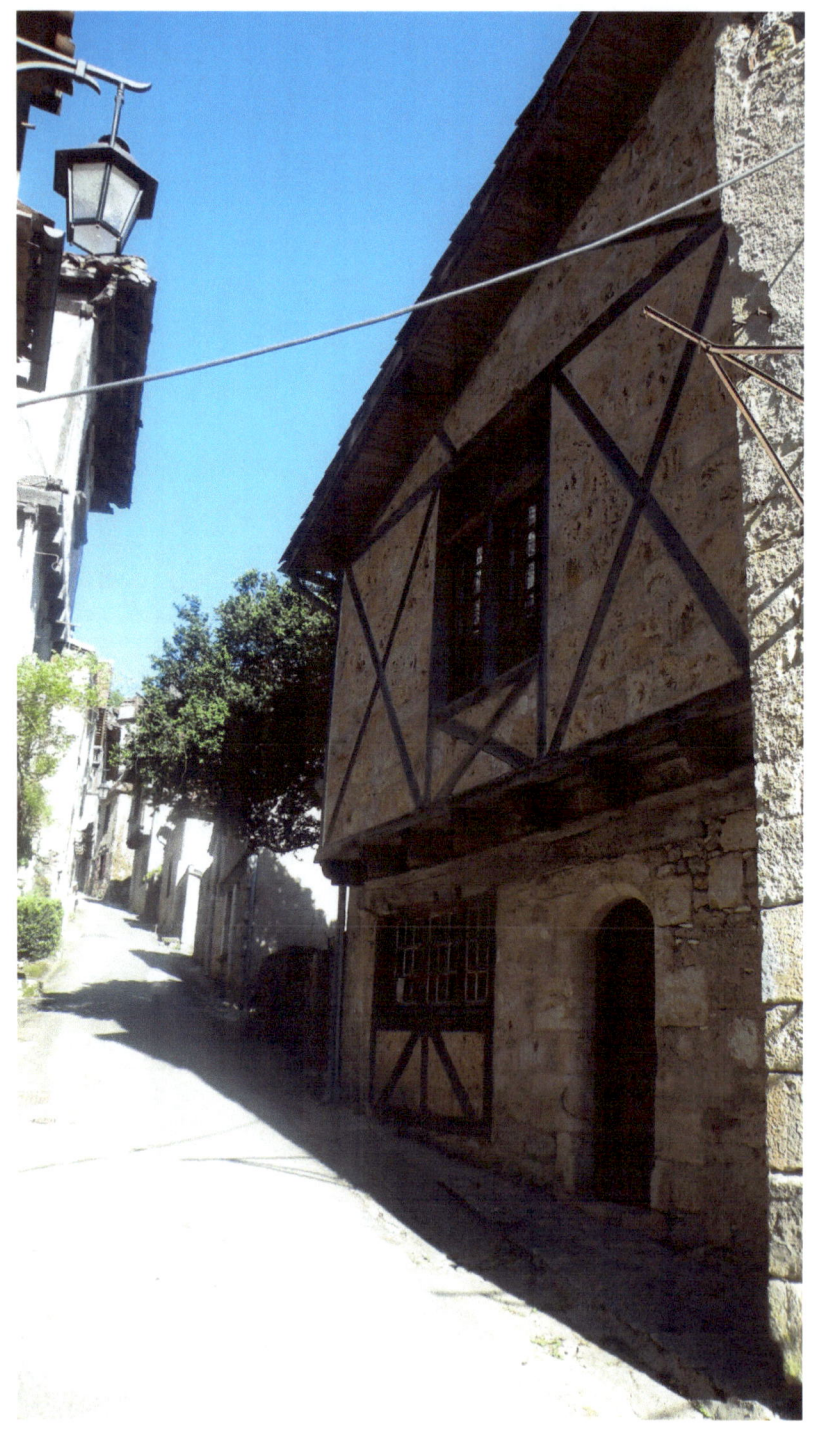

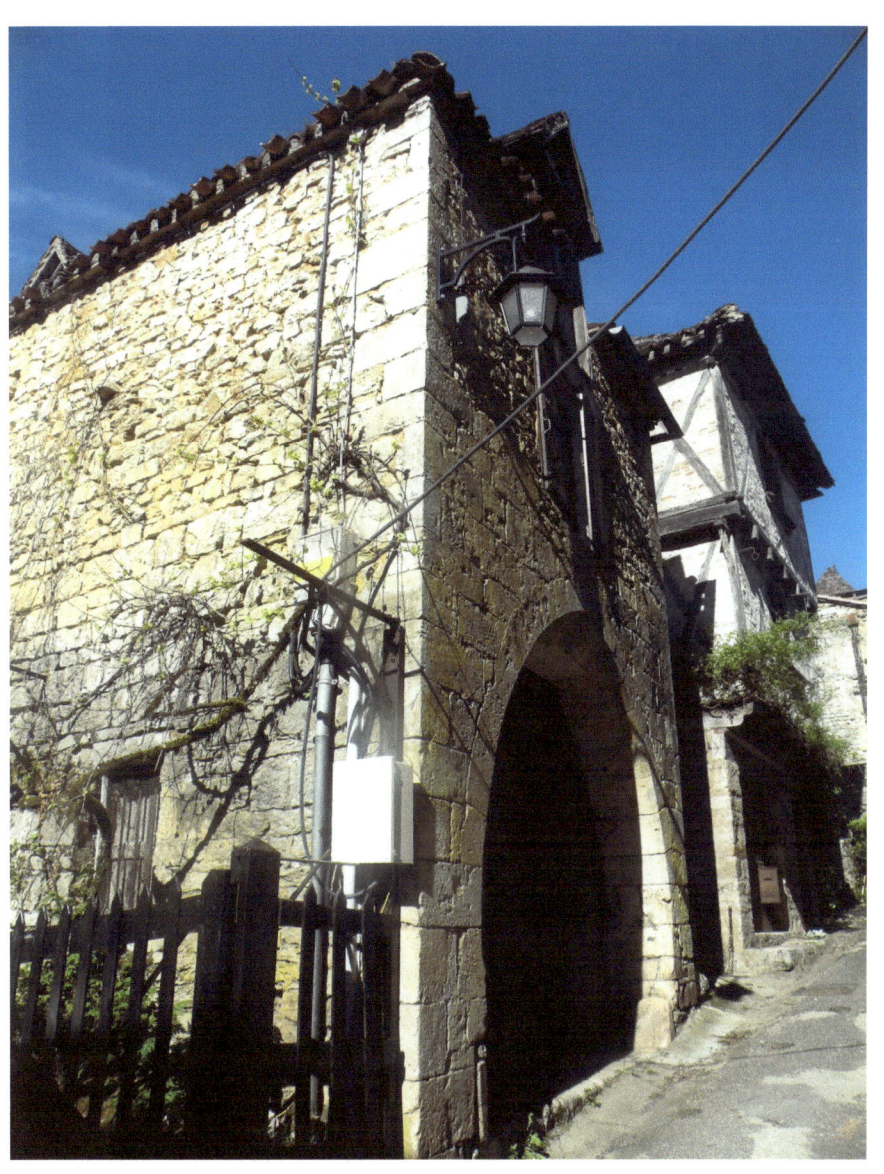

La place du Carol

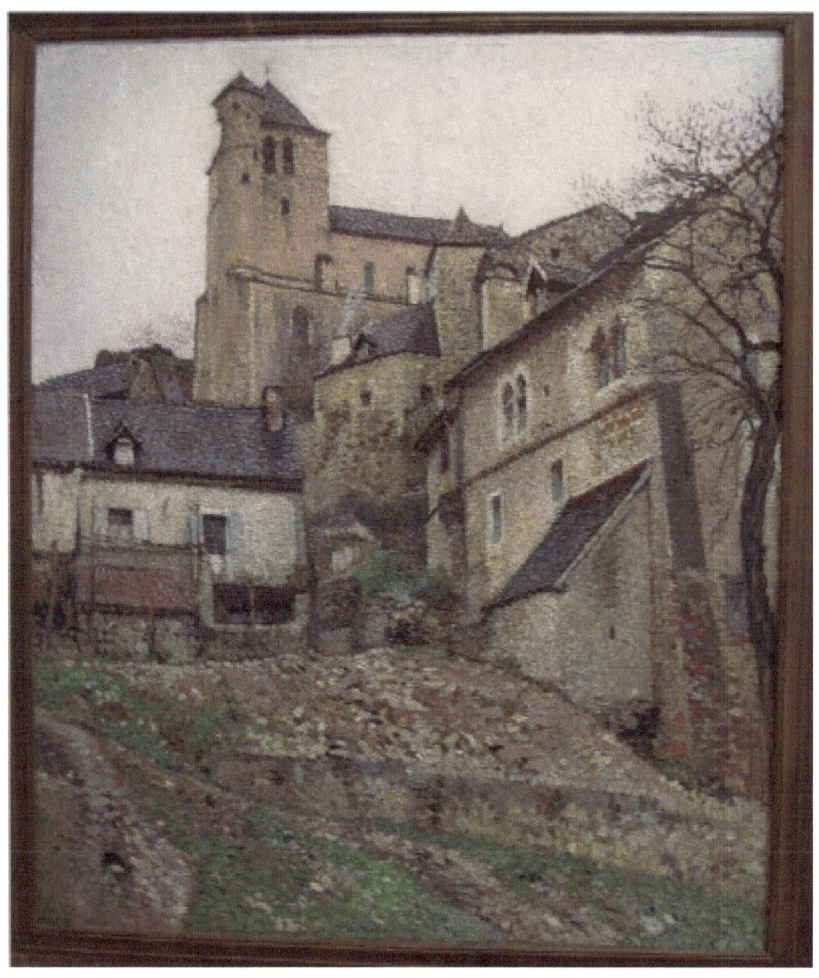

Retrouver le lieu puis l'angle des trois tableaux du village, réalisés par le peintre impressionniste Henri Martin, présentés par le musée de Cahors, guidait cette promenade. En toile de fond, l'église… il me suffisait de m'orienter par rapport à ses sommets…

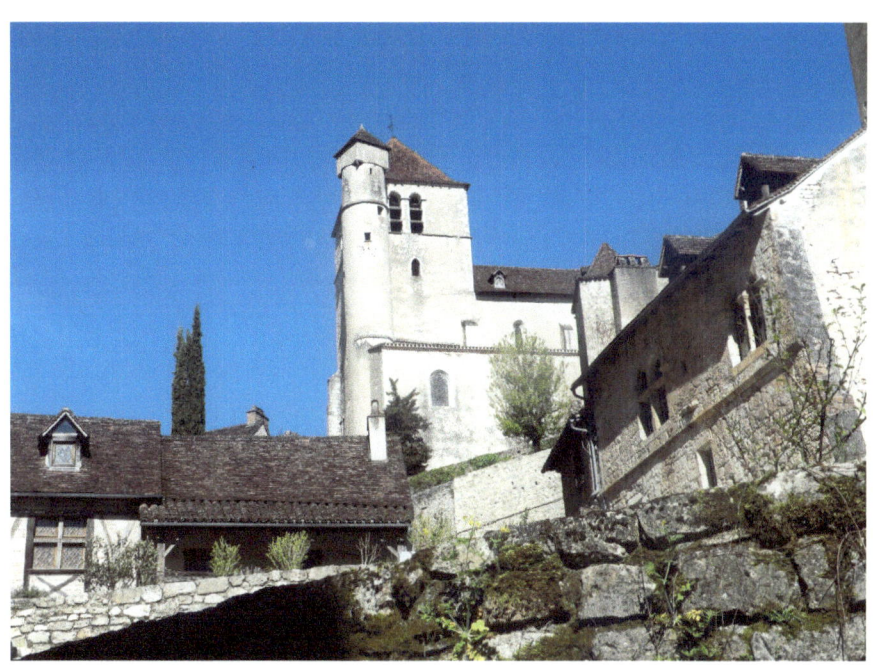

Vue plus large :

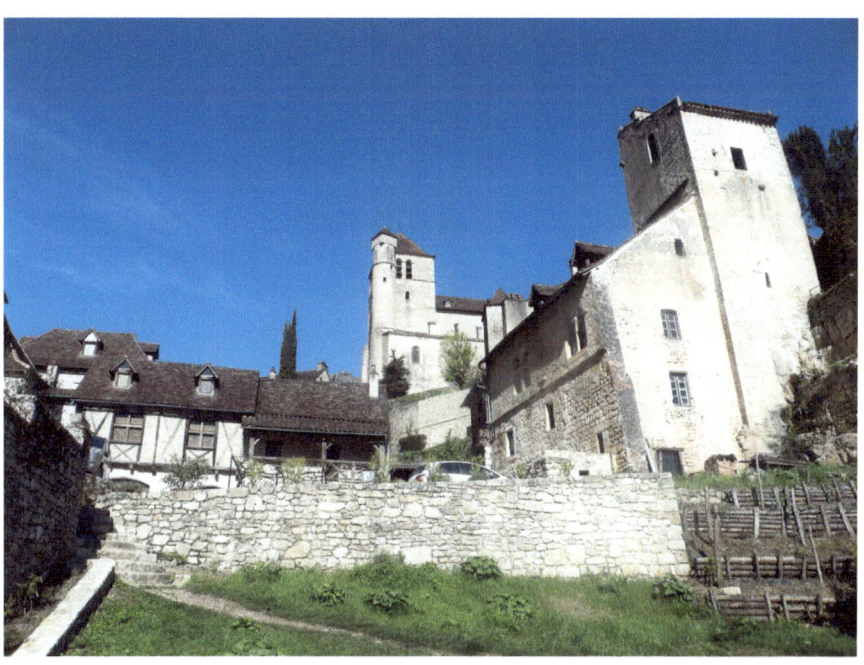

La Base Mérimée des Monuments Historiques répertorie un immeuble du 14eme siècle, place du Corral à Saint-Cirq-Lapopie, classé depuis le 7 juillet 1923 : "*une maison entièrement construite en moellons, les encadrements de portes et de fenêtres étant en pierre de taille.*
Sur la façade principale s'ouvrent deux fenêtres à meneaux.
Une tour pigeonnier carrée s'élève au-dessus de la toiture, dans l'angle sud-est. Le peintre Henri Martin en fut propriétaire."

Aucune place du Corral à Saint-Cirq-Lapopie, mais la place du Carol.
Henri Martin y acheta cette maison en 1912, et y vint "régulièrement" jusqu'à la fin de ses jours. Aucune plaque ne la distingue. Je pense l'avoir reconnue !

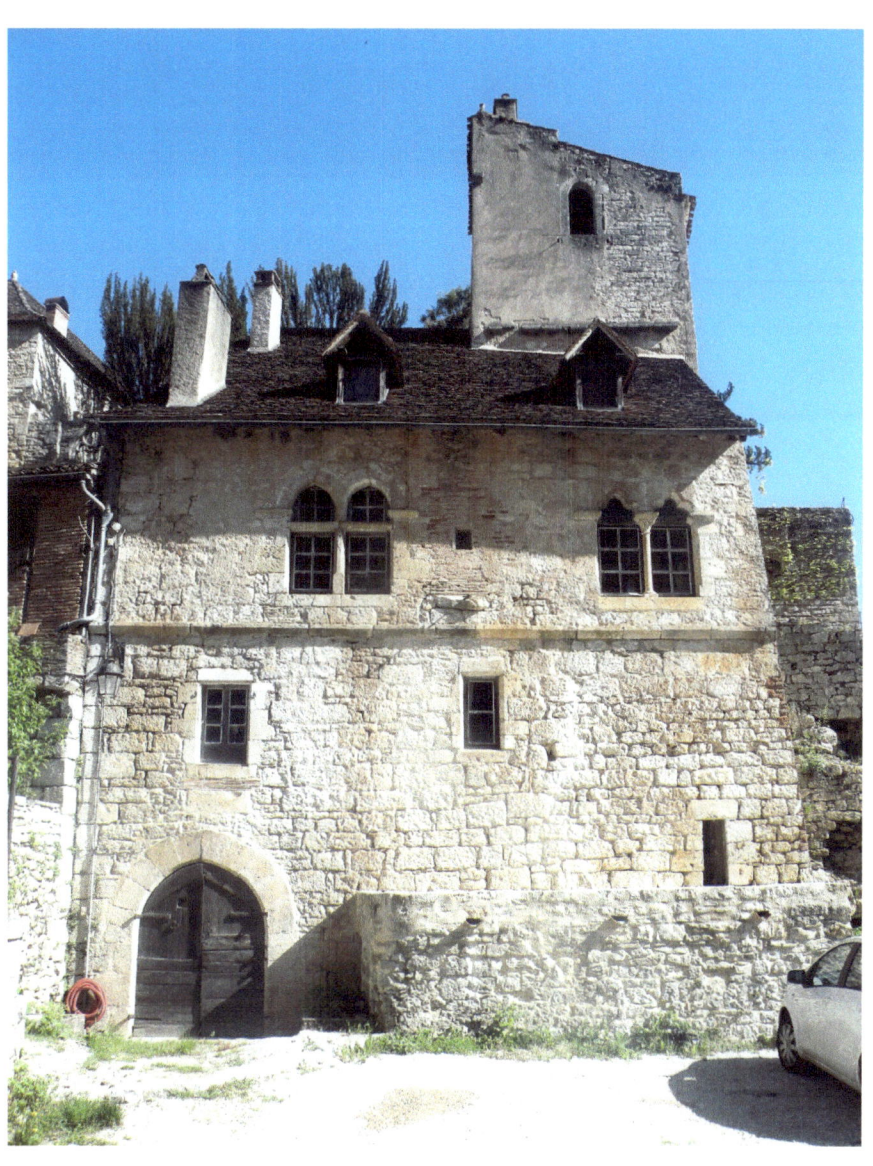

La place du Carol c'est aussi :

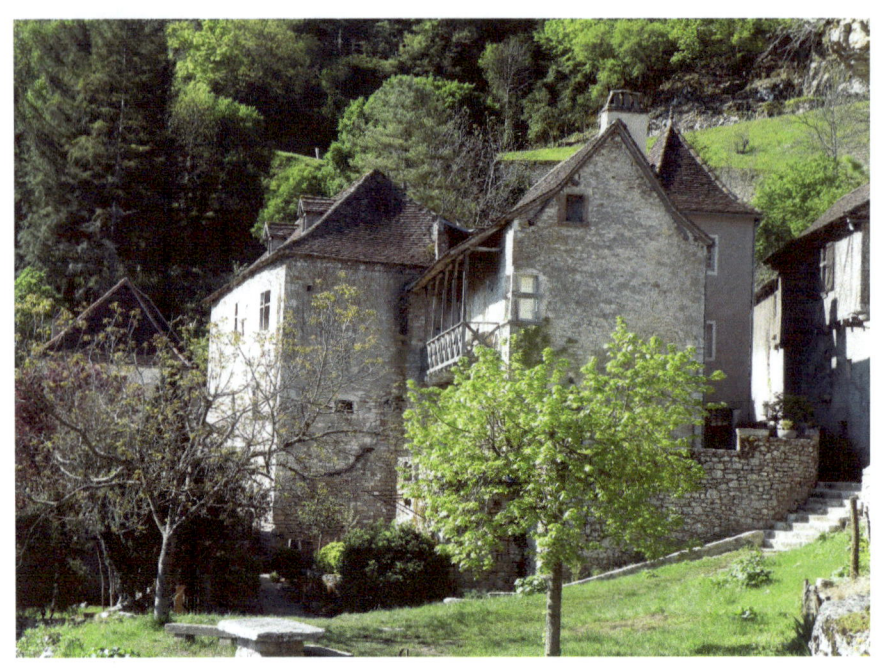

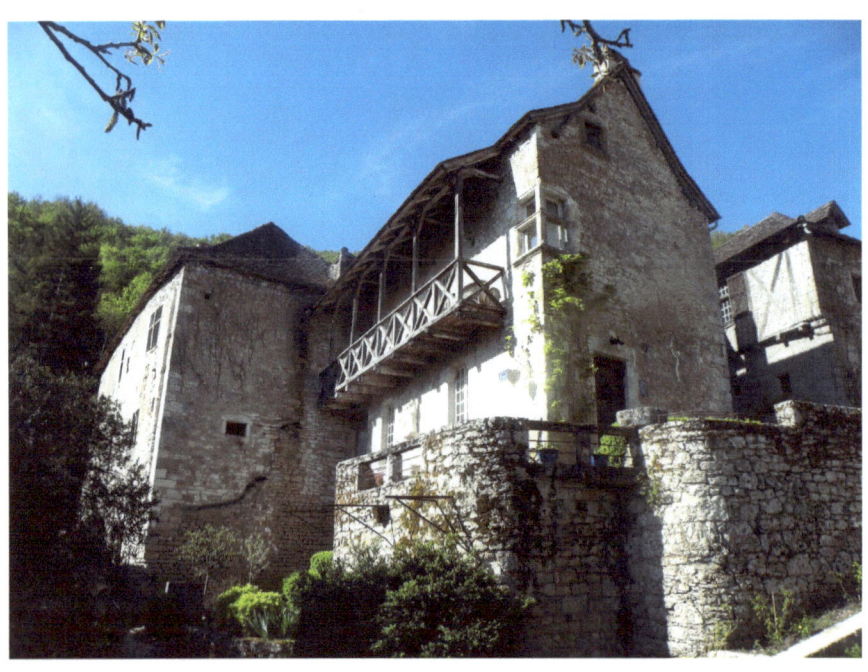

Vue sur le Lot et la vallée de la place du Carol

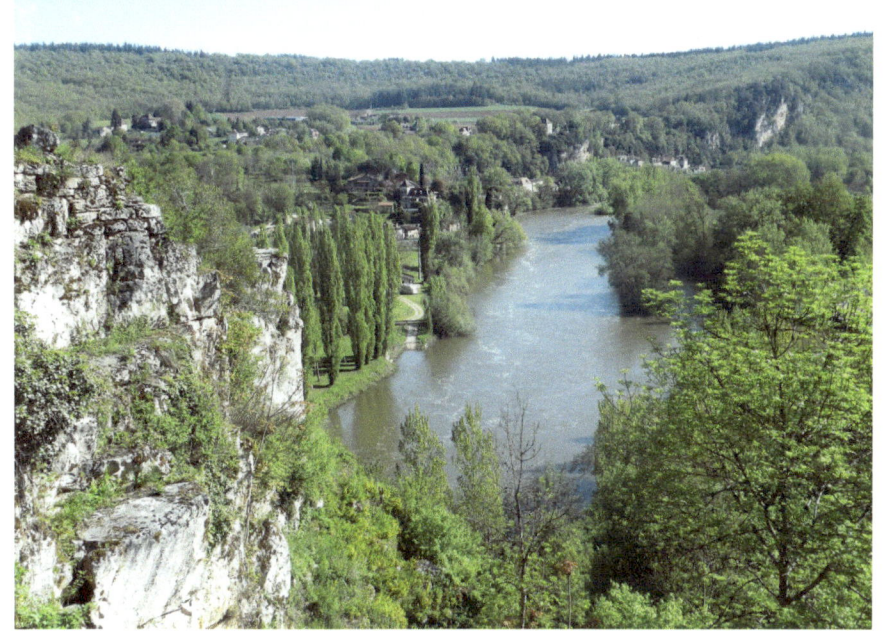

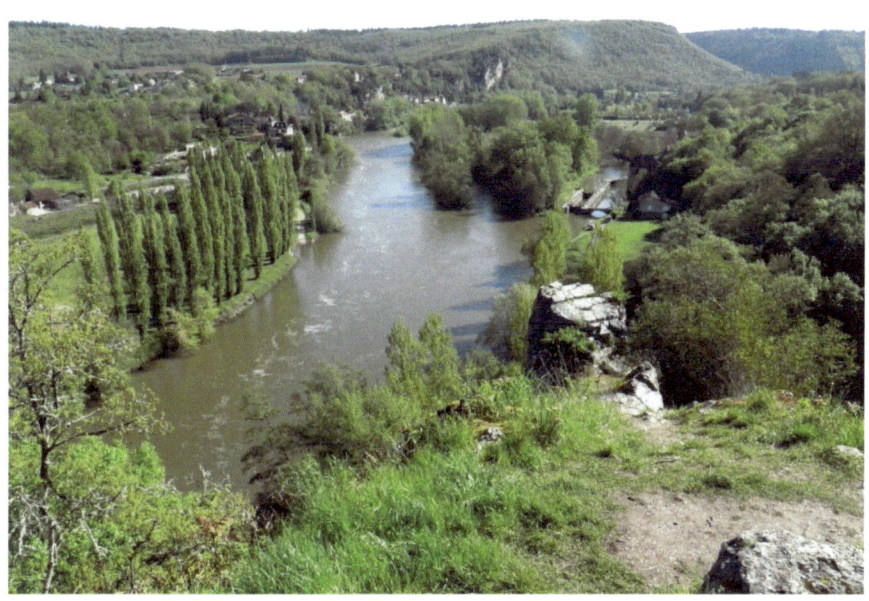

En fin de visite, nous passerons à l'écluse, sur la droite du cliché ci-dessus et en gros plan ci-dessous.

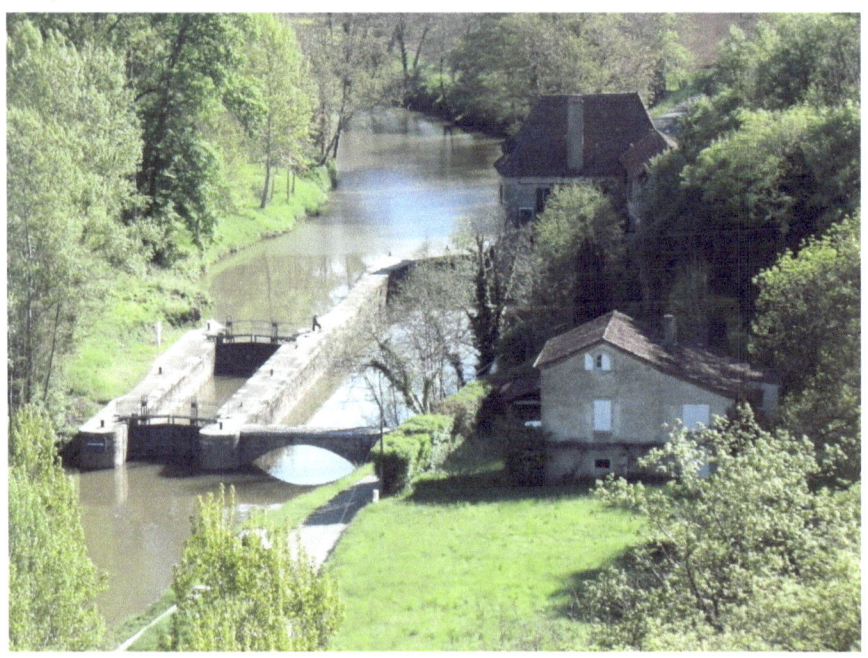

Deux gros plans sur des pigeonniers de la vallée :

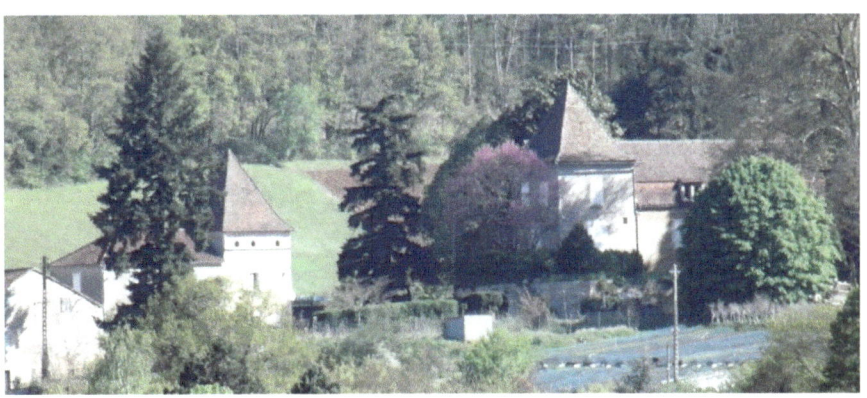

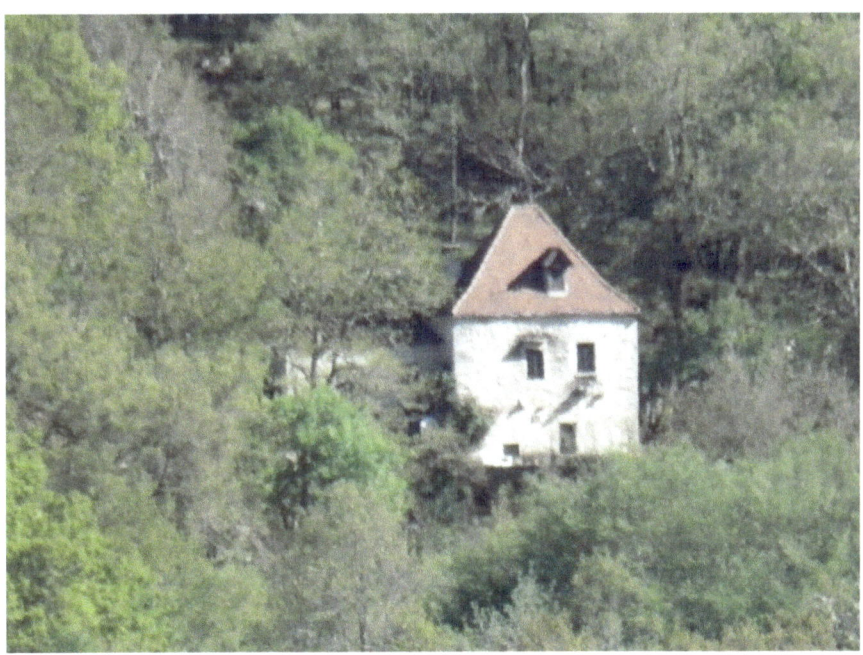

Maison Rignault

Juste derrière la maison du peintre, en direction de l'église, se situe la maison Rignault, une ancienne maison forte, implantée sur le rebord de la falaise.
Passée du fort de Saint Cirq à la famille Hébrard de Saint Sulpice après le démantèlement du Château de Cardaillac... au Conseil Général du Lot qui l'a transformée en musée Rignault.

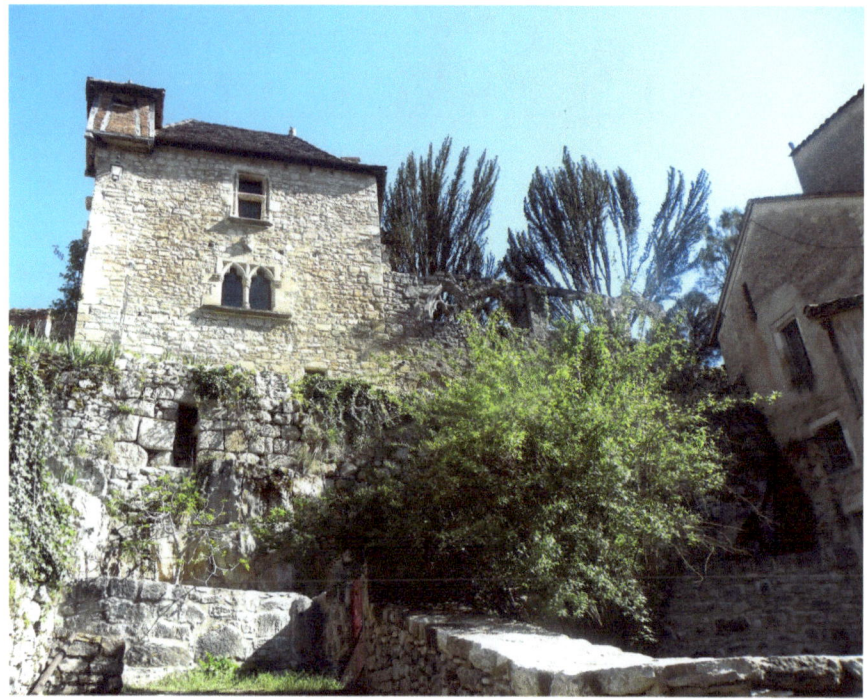

Détail de la fenêtre :

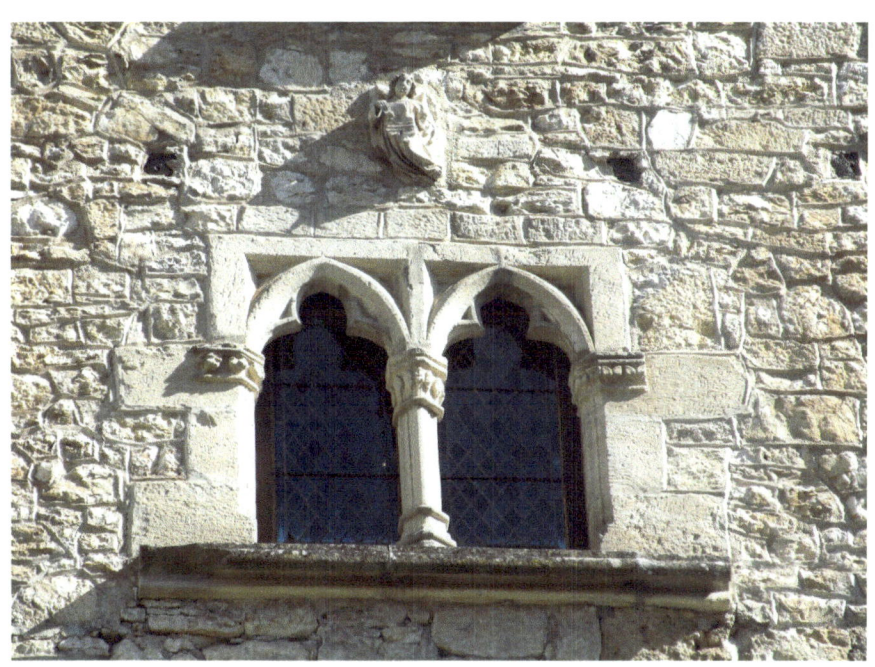

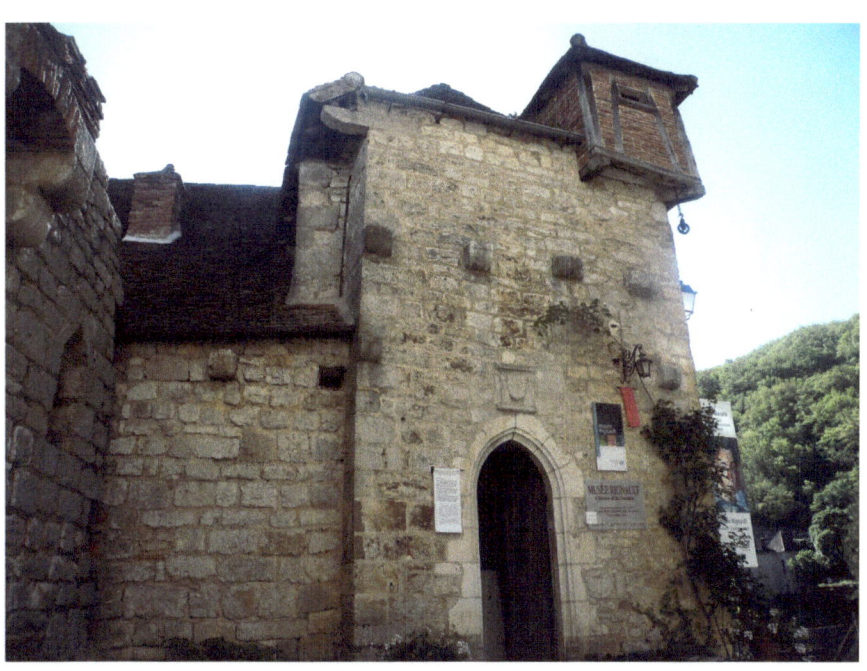

Les jardins :

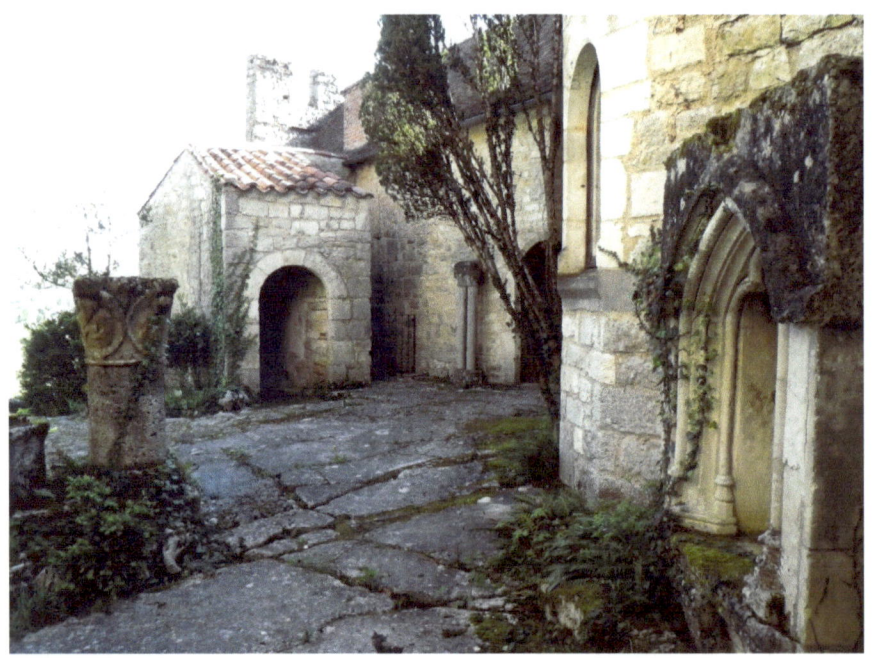

Marcher sans carte…

Je n'oubliais pas qu'il me restait deux tableaux à retrouver. Mais qu'il est agréable de marcher sans carte en se laissant aimanter par la beauté des lieux…

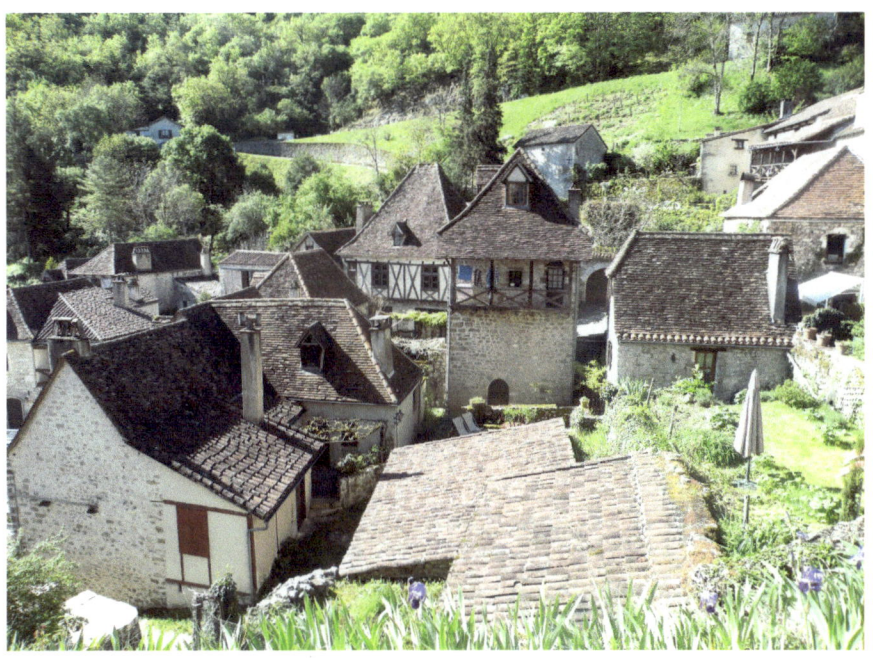

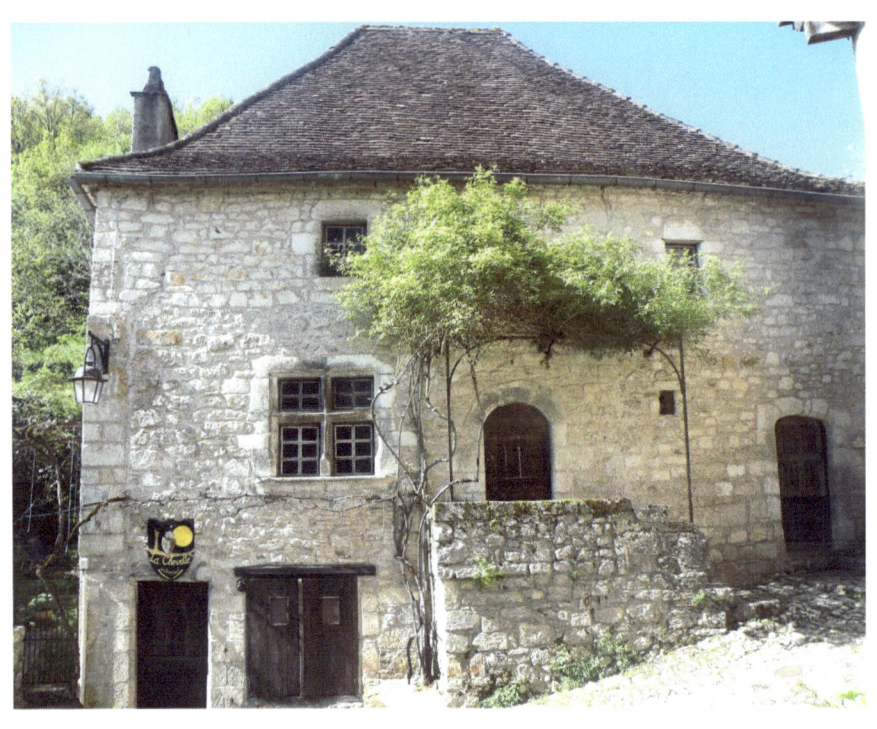

Le linteau à accolade d'une porte :

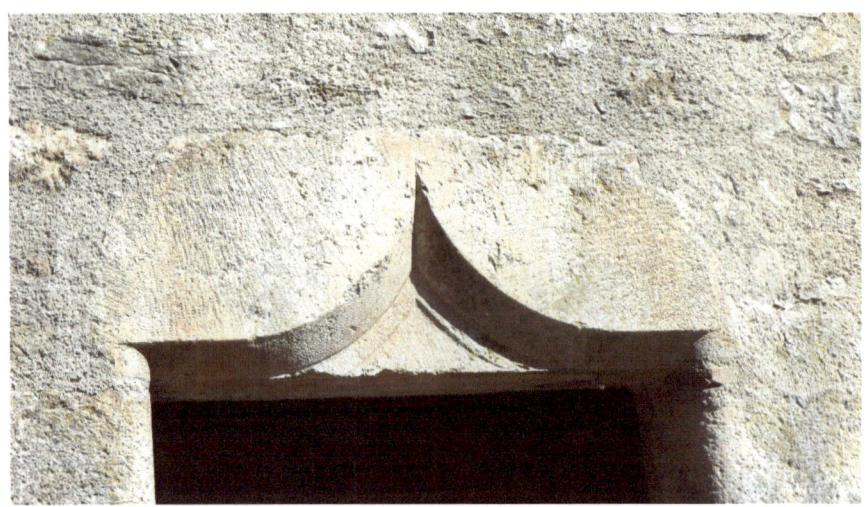

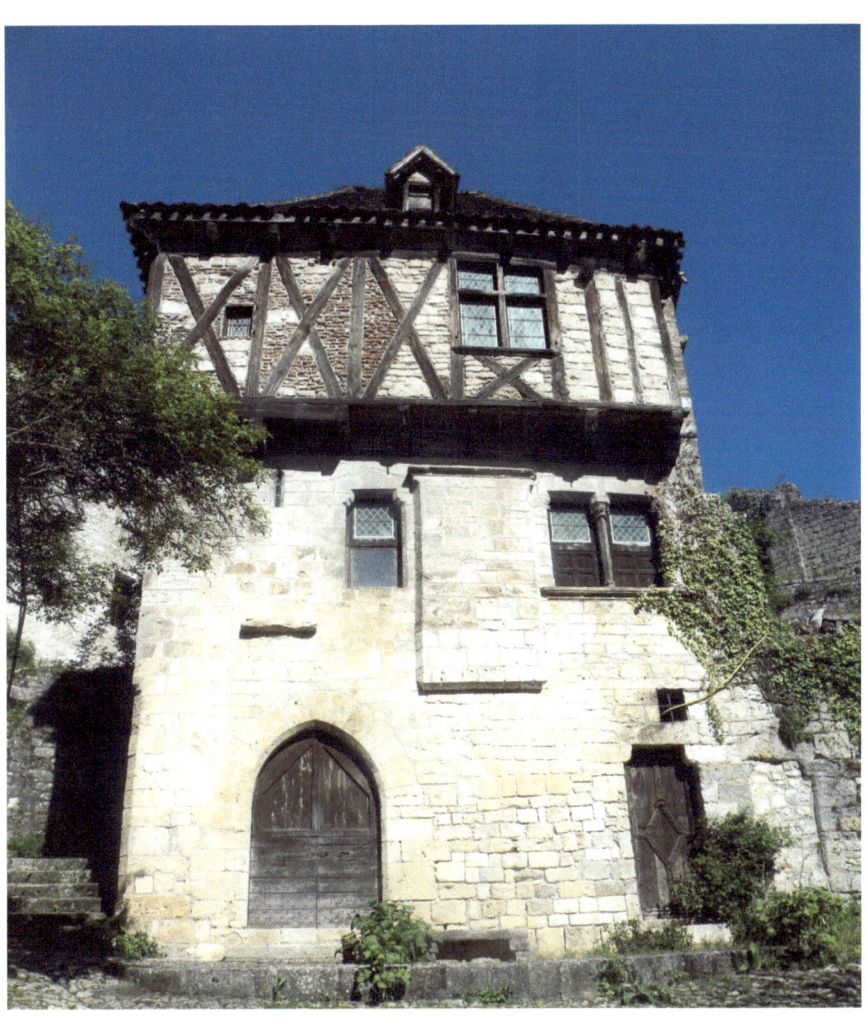

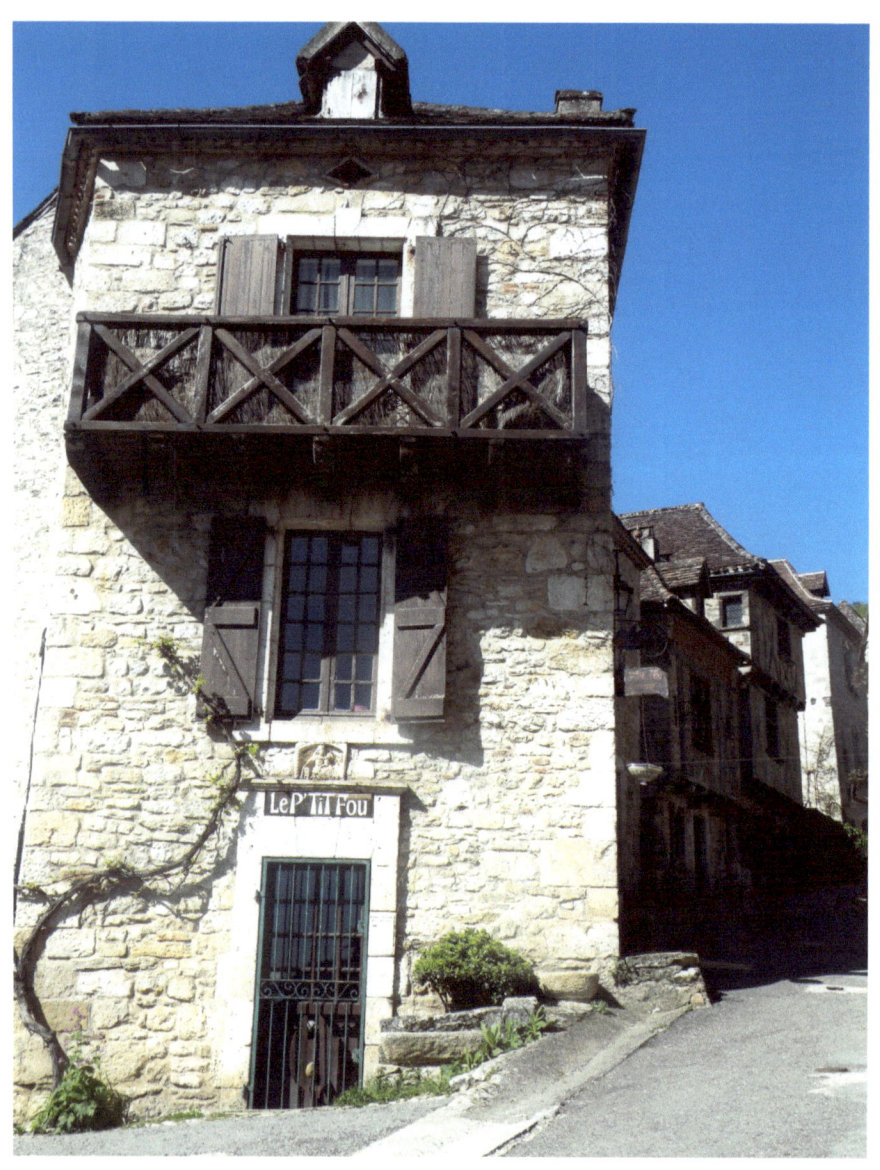

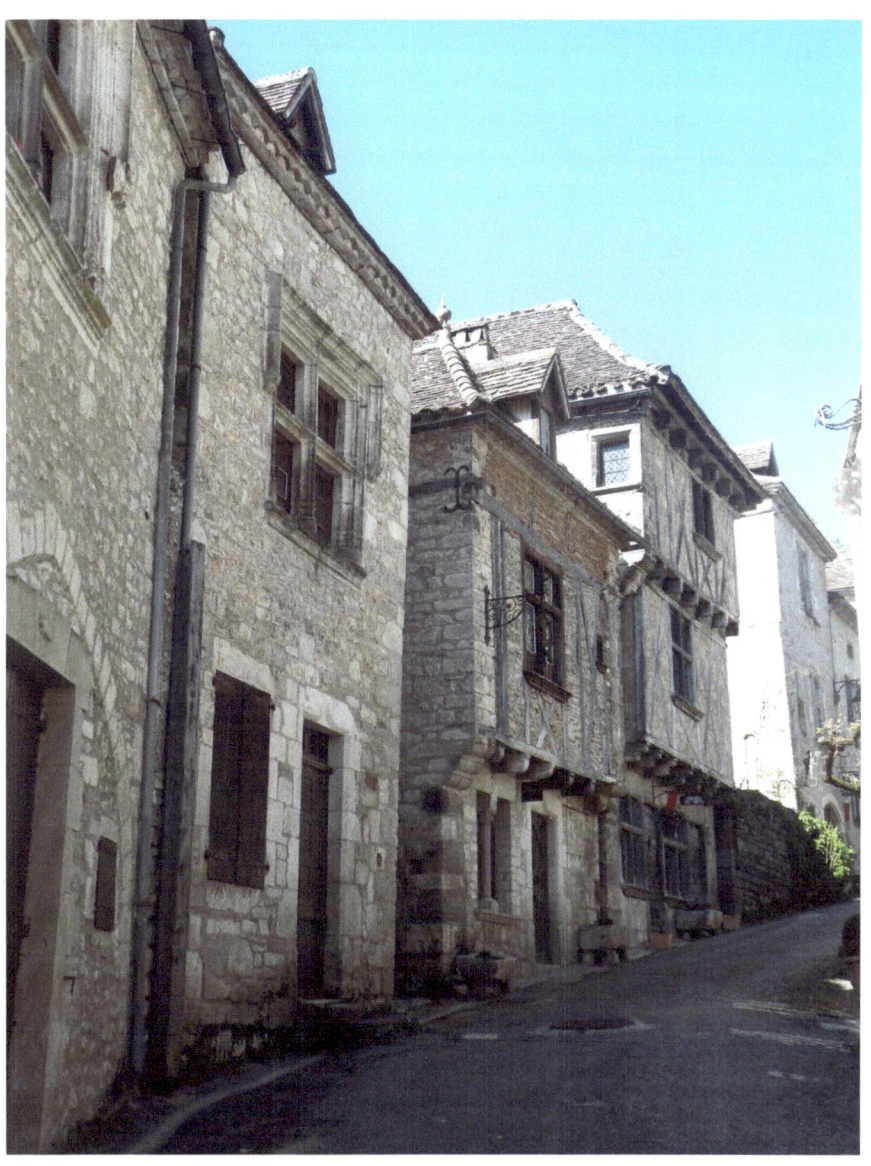

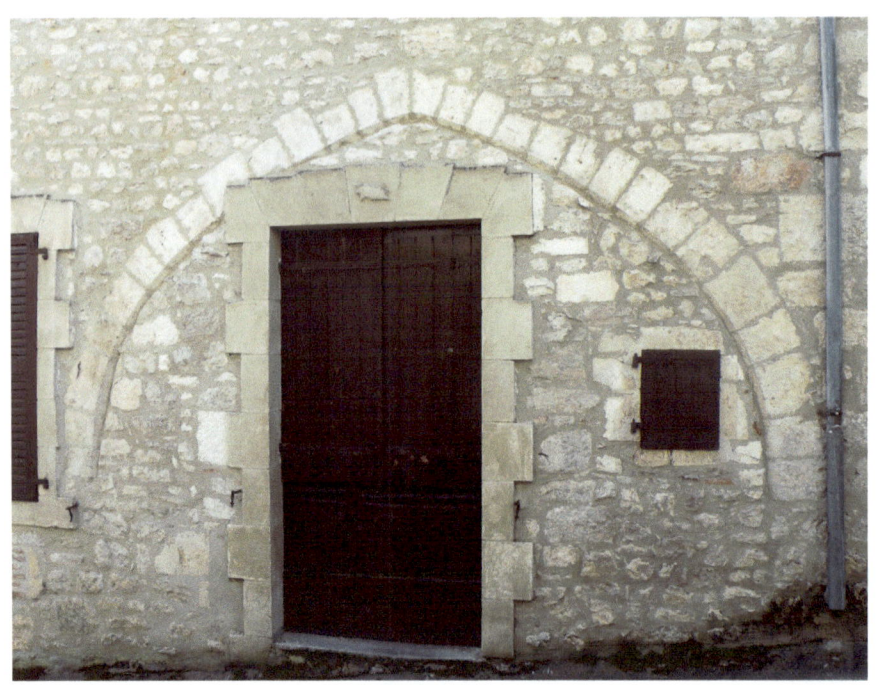

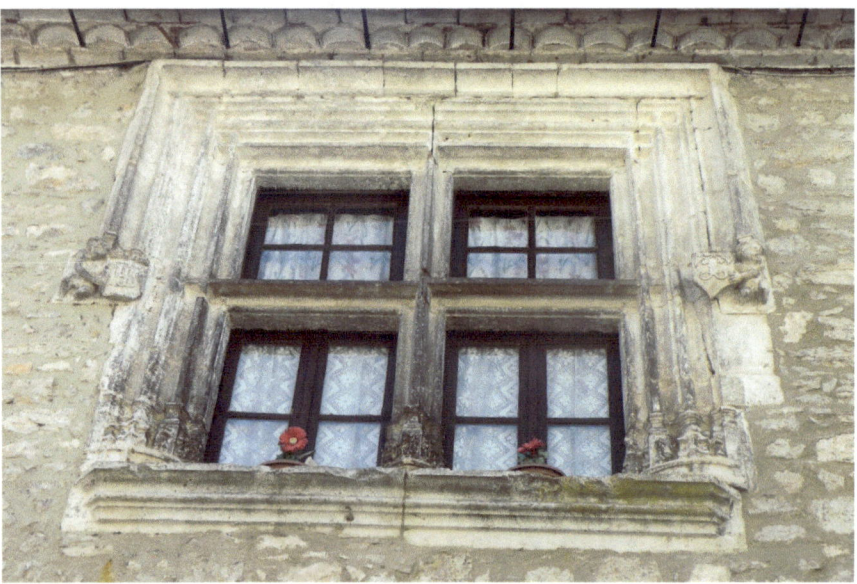

Fenêtre et détail des motifs...

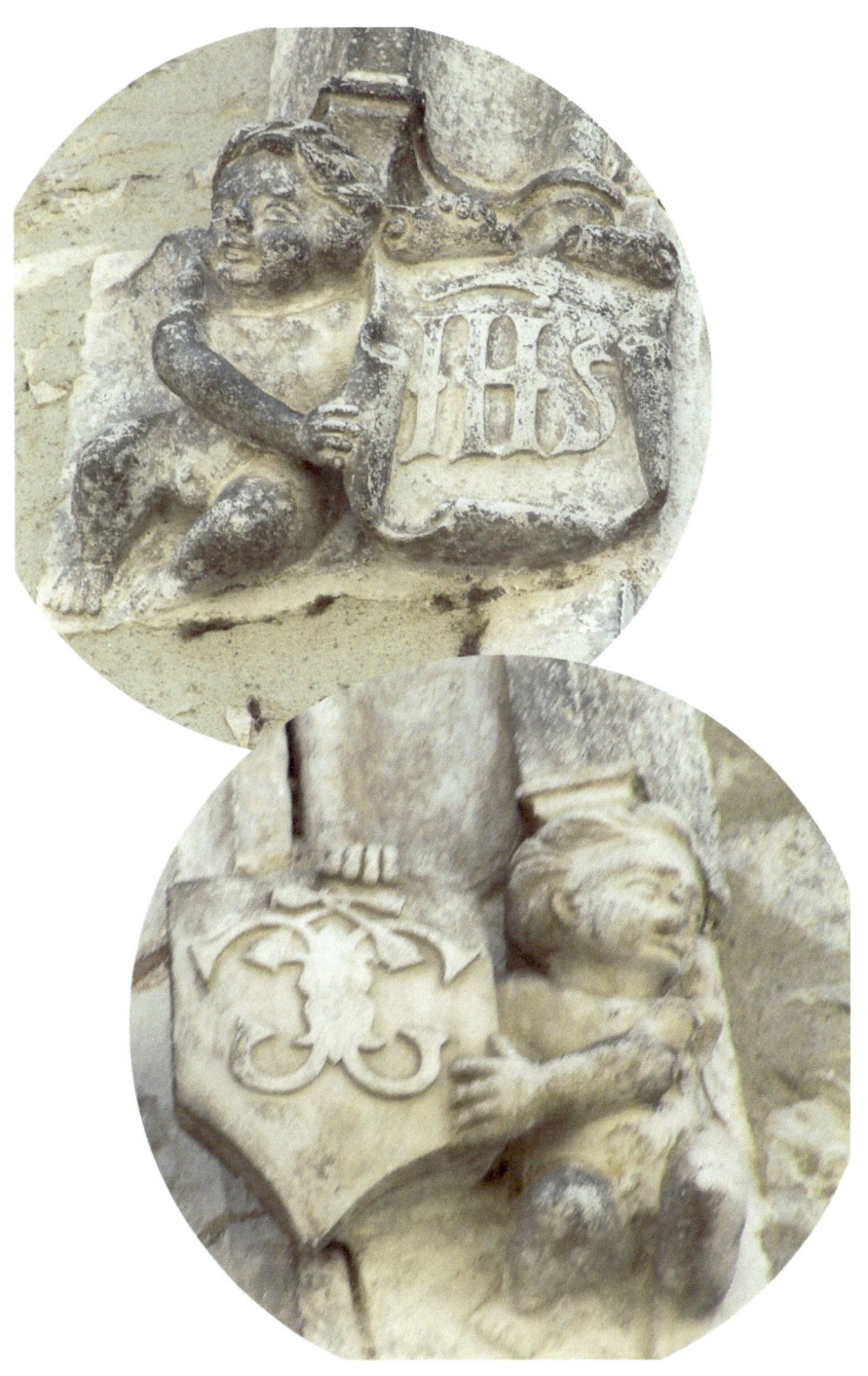

À côté, d'autres motifs pour la fenêtre :

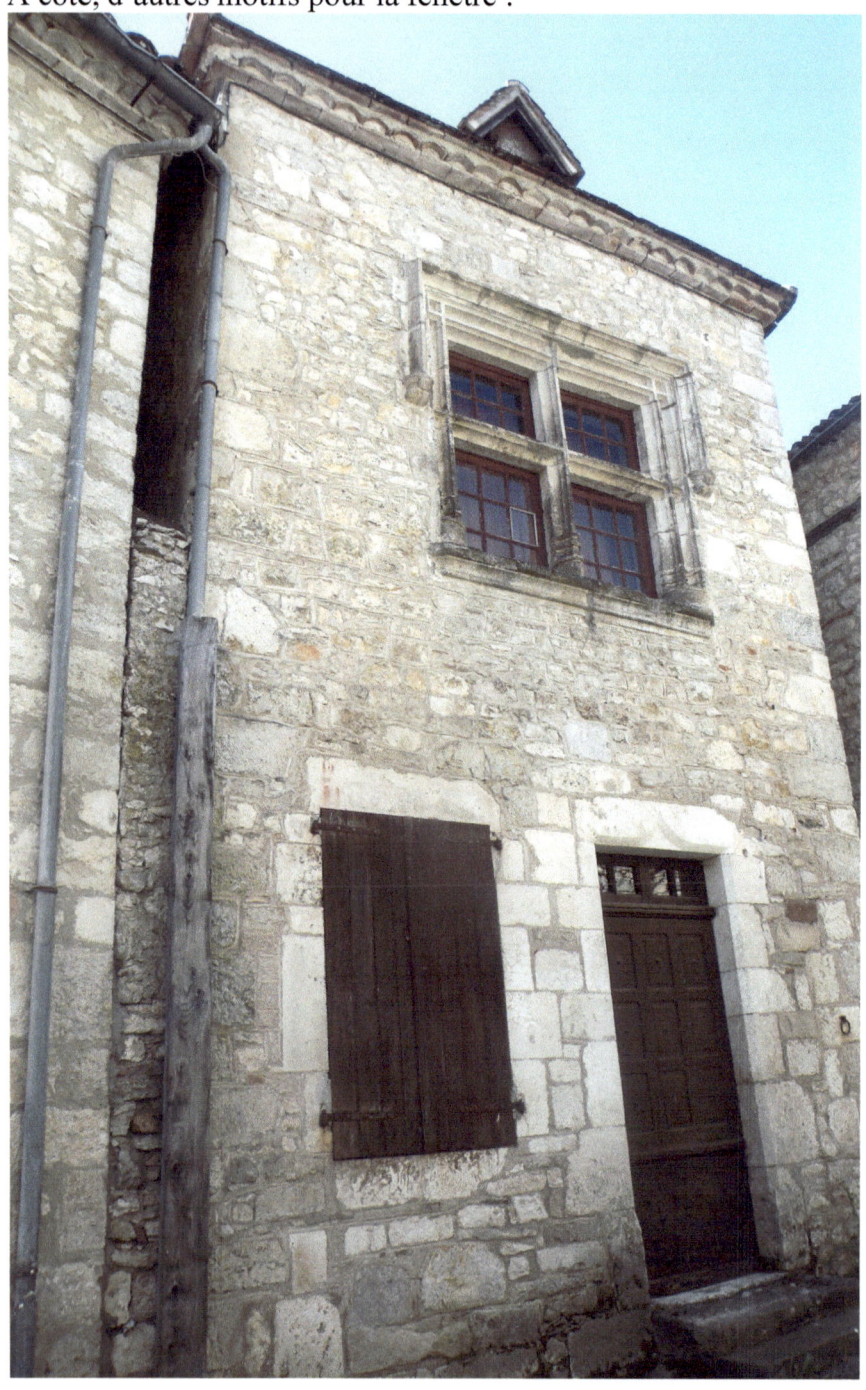

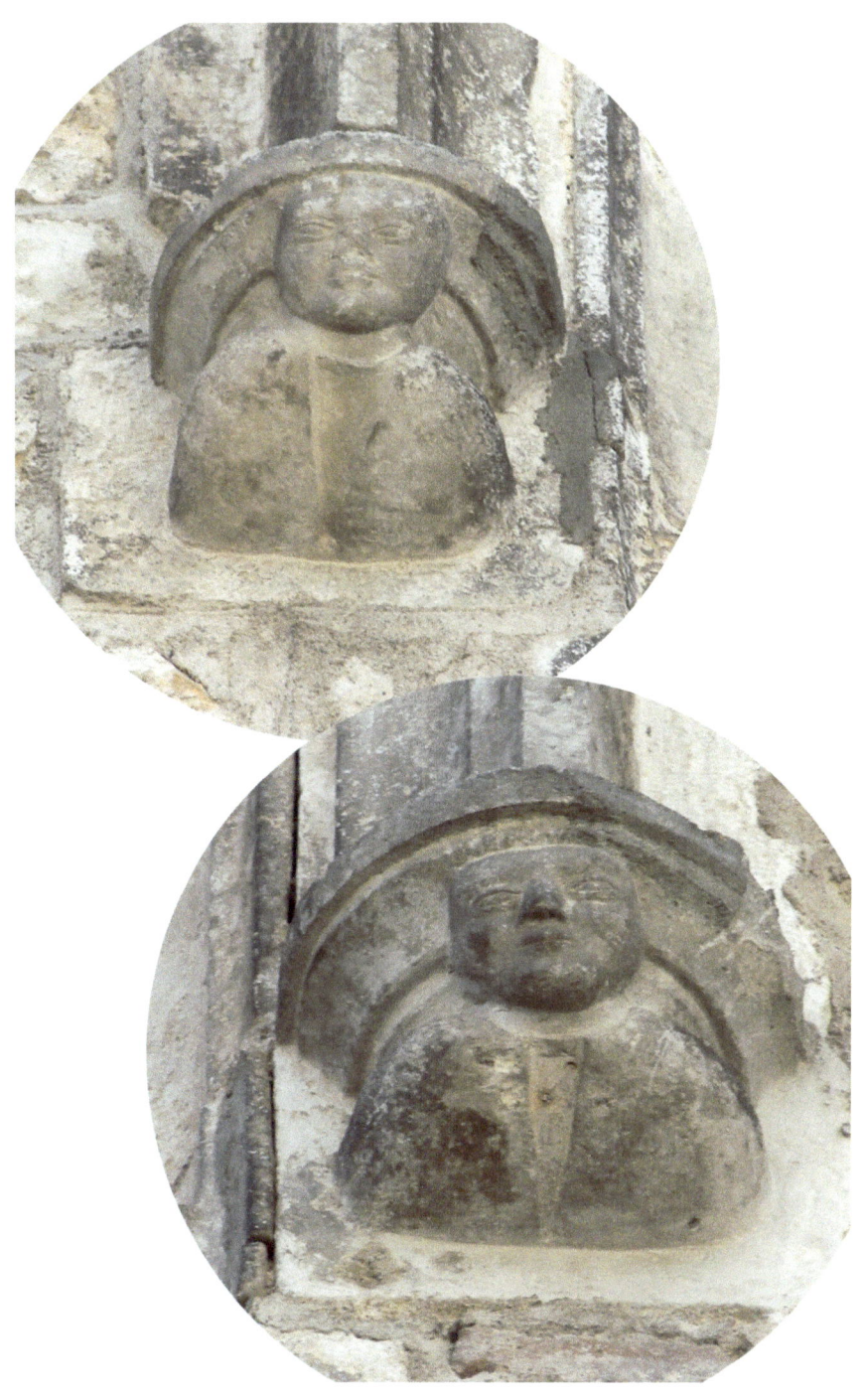

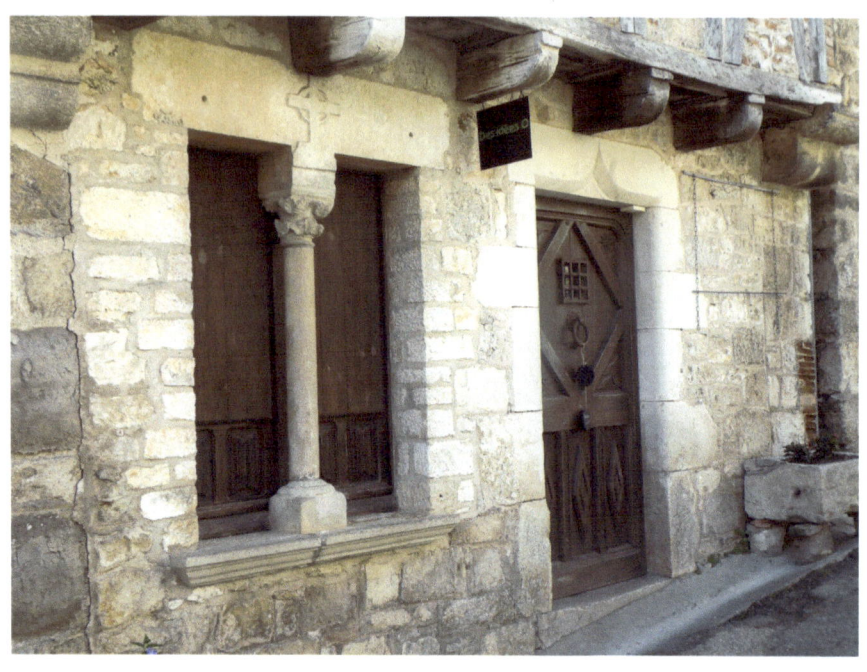
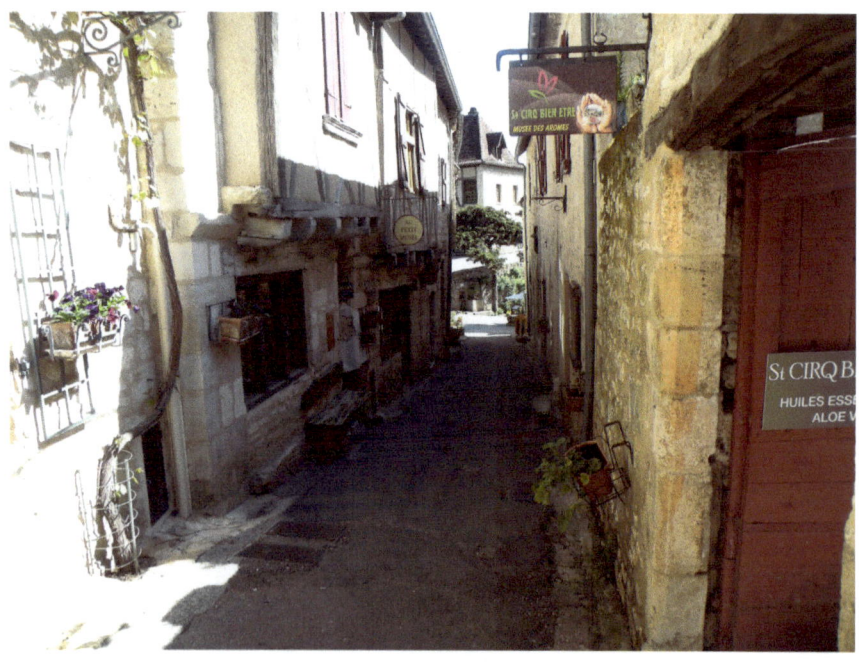

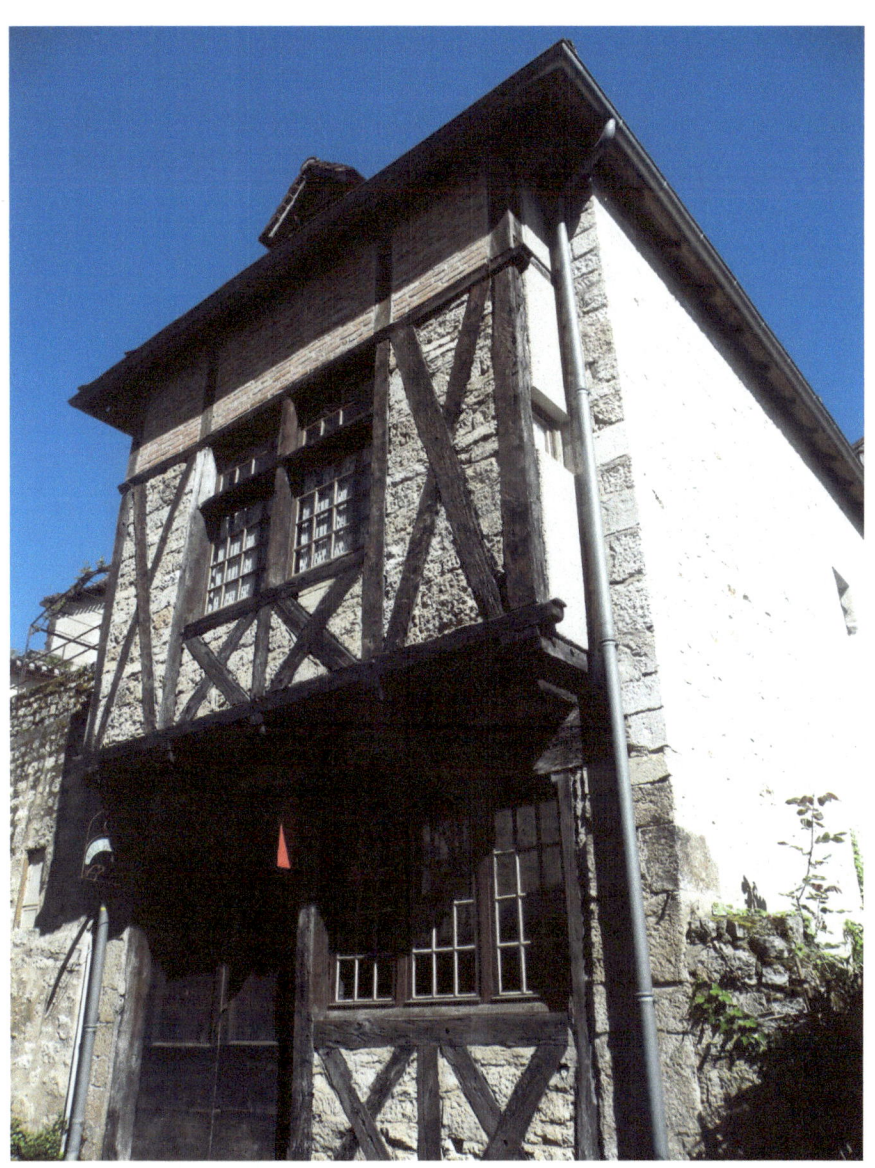

Une rue remarquable, avec ses multiples arcades :

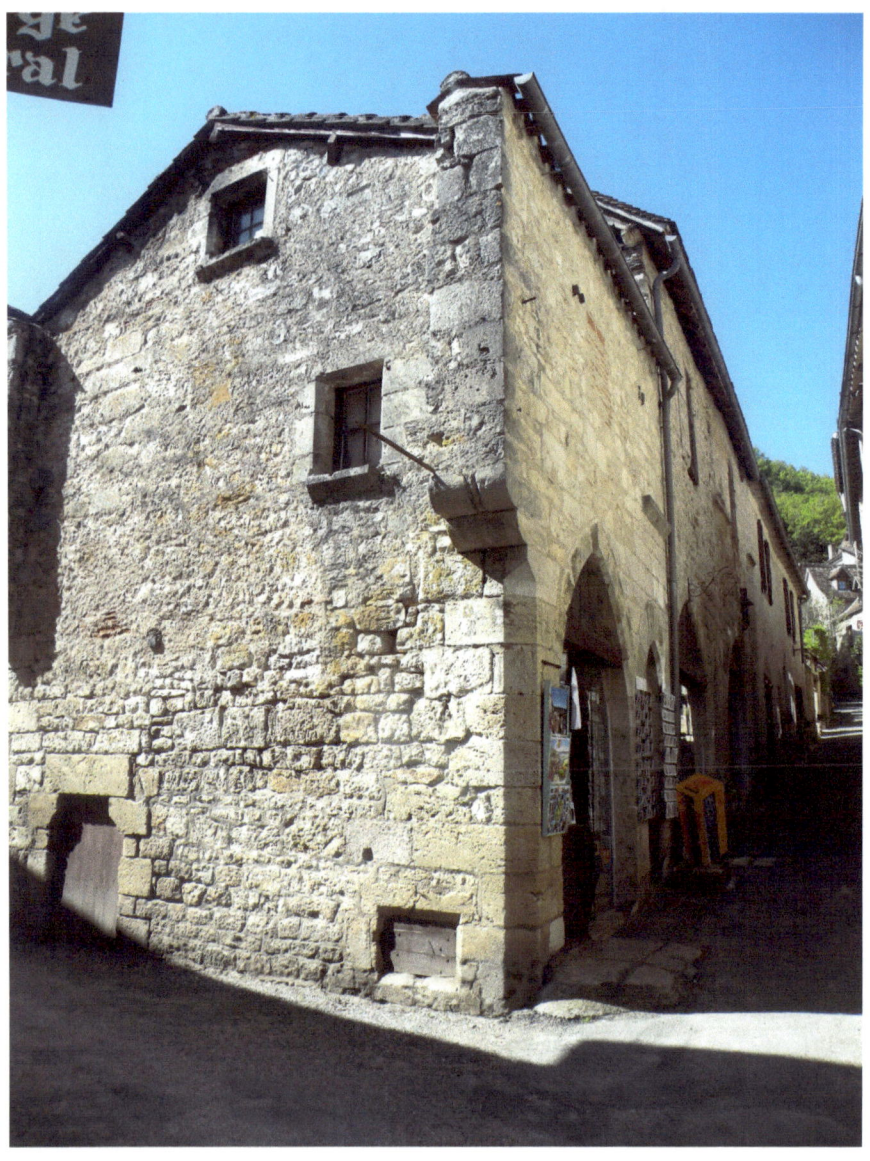

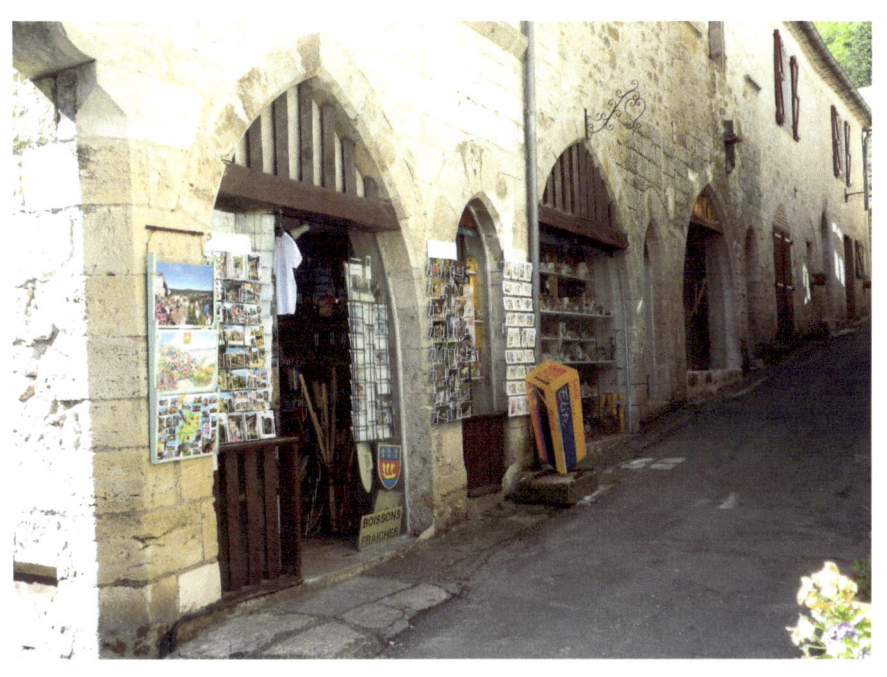

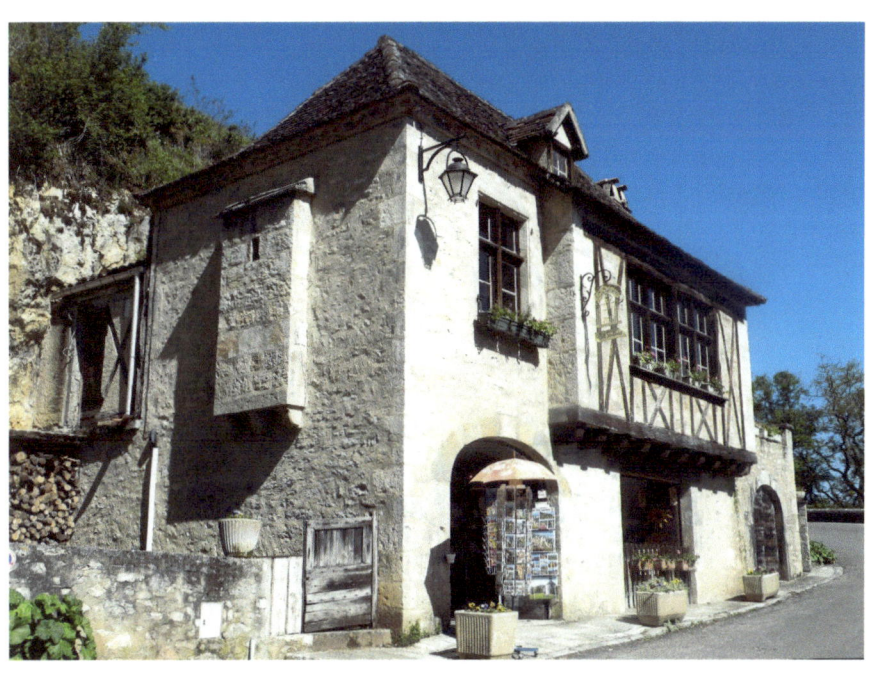

Maison Daura

J'avais consulté la base de données Mérimée des Monuments Historiques et tenais à observer la "maison Daura", classée depuis le 24 mai 1973.
Un ancien hôpital, du 13e et 15e siècle.
Un grand bâtiment à deux étages, le deuxième avec une série de six baies à colonnettes du 13e siècle. L'angle du premier étage est percé d'une baie trilobée. Une partie de la maison est à pans de bois et l'étage forme encorbellement. Les abouts de poutre sont sculptés.
L'hôpital fut géré par les consuls de Saint-Cirq puis réuni à l'hôpital général de Cahors en 1721.
Pierre Daura (1896-1976) était un peintre d'origine catalane, dont la carrière se déroula principalement aux Etats-Unis.
Sa fille, Martha, a fait don de ce lieu à la Région Midi-Pyrénées, dans le but qu'il reste attaché à l'art. Le nouveau propriétaire l'a, suivant son expression "réhabilité" et transformé en « *centre de recherche et d'innovation artistiques pour toutes les disciplines* », en résidence internationale d'artistes.

Selon les informations du patrimoine midipyrenees il existe, depuis 1998, dans les réserves du Musée Champollion de Figeac, un tableau intitulé "Vue du village de Saint-Cirq-Lapopie" de Pedro Daura.
Une huile sur toile représentant le village, exécutée en 1933, achetée à l'artiste la même année (enregistrée sous le numéro d'inventaire FNAC 13087), déposée le 23 janvier 1934 à la mairie de Figeac.
Grâce à une étiquette au revers de la toile on sait que ce tableau fut présenté à l'Exposition universelle d'Amsterdam en 1933, dans le pavillon consacré aux artistes peintres et sculpteurs catalans.
La notice précise : « Daura avait acheté dès 1929 une résidence dans le village de Saint-Cirq-Lapopie, et il devait y séjourner jusqu'à la fin de sa vie, y rencontrant en particulier André Breton de 1950 à 1966. »

Sûrement pas choquée que cette toile "moisissent" dans des réserves, sa fille, Marthe Daura, « a récemment fait don à ce même musée d'une dizaine d'œuvres de son père. »

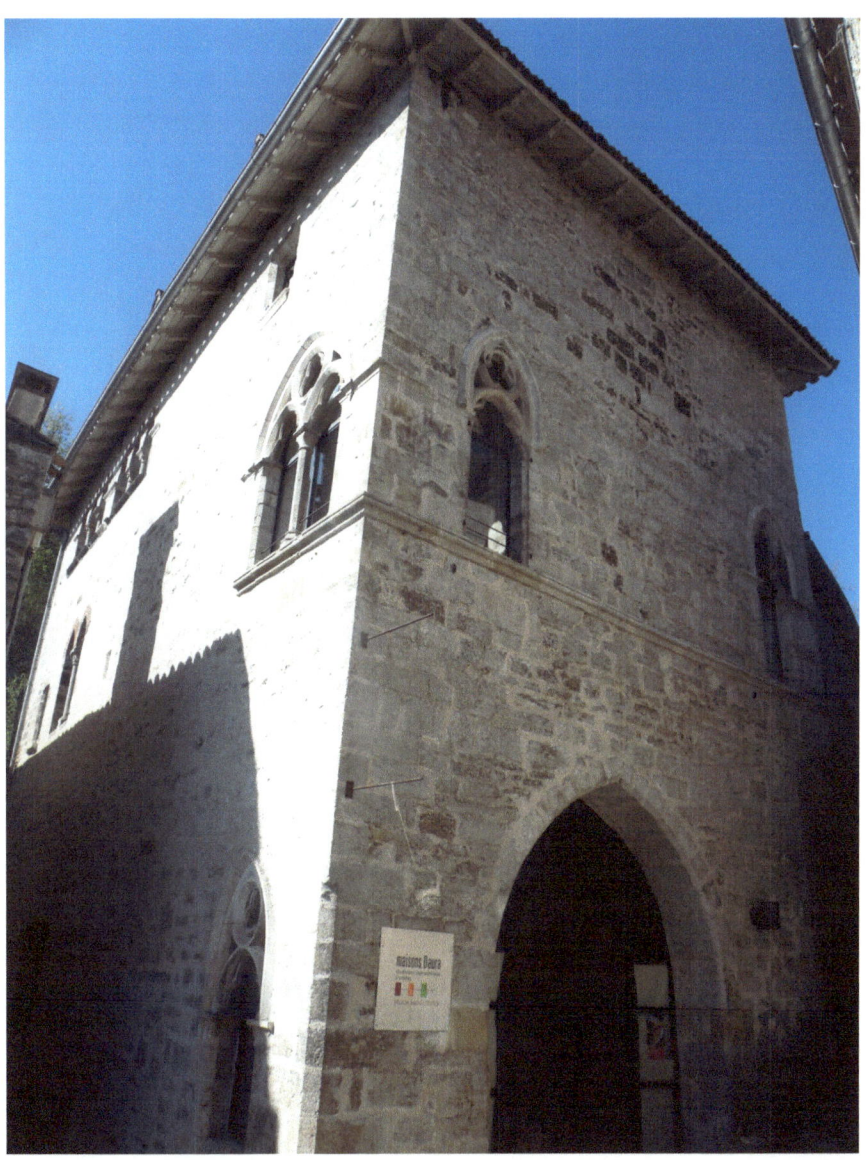

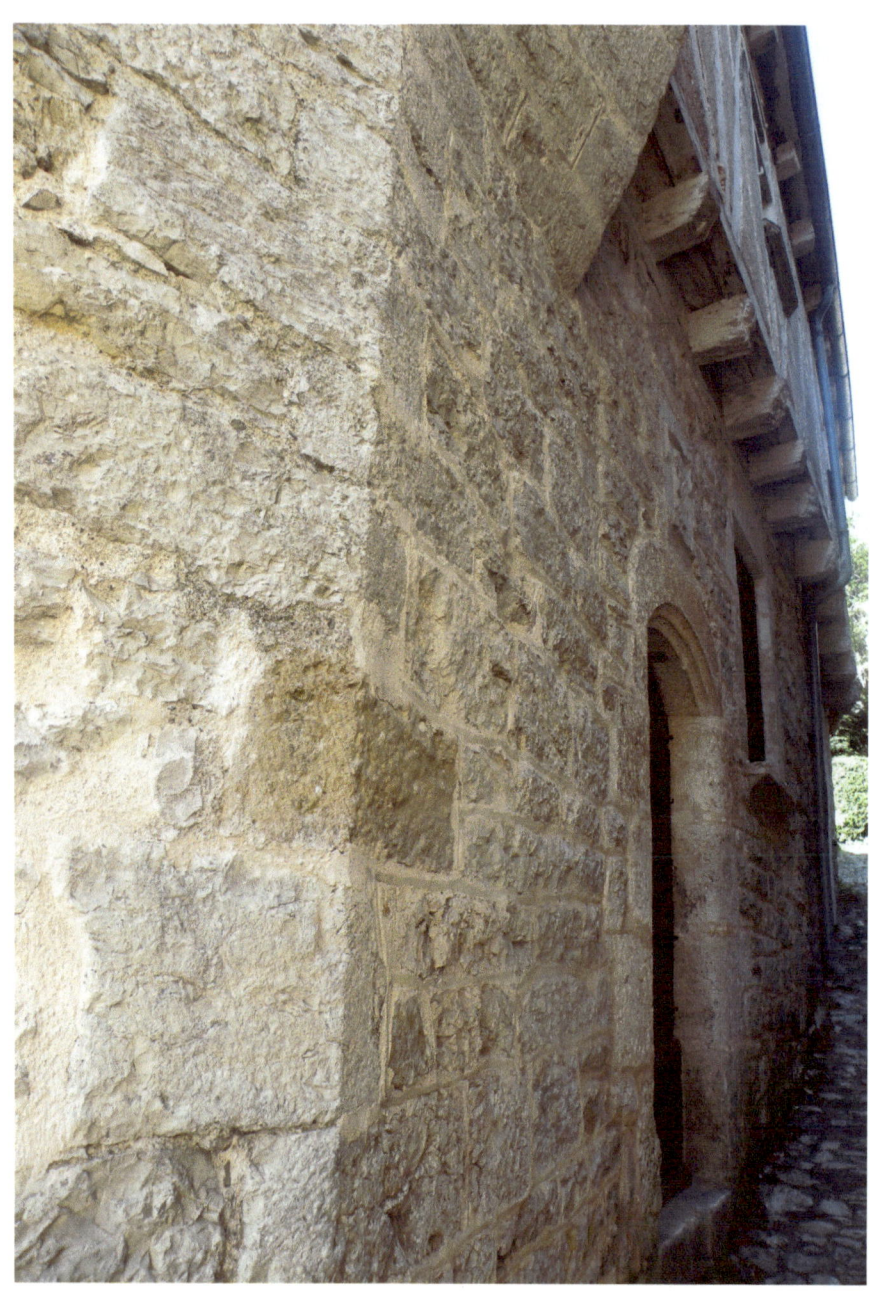

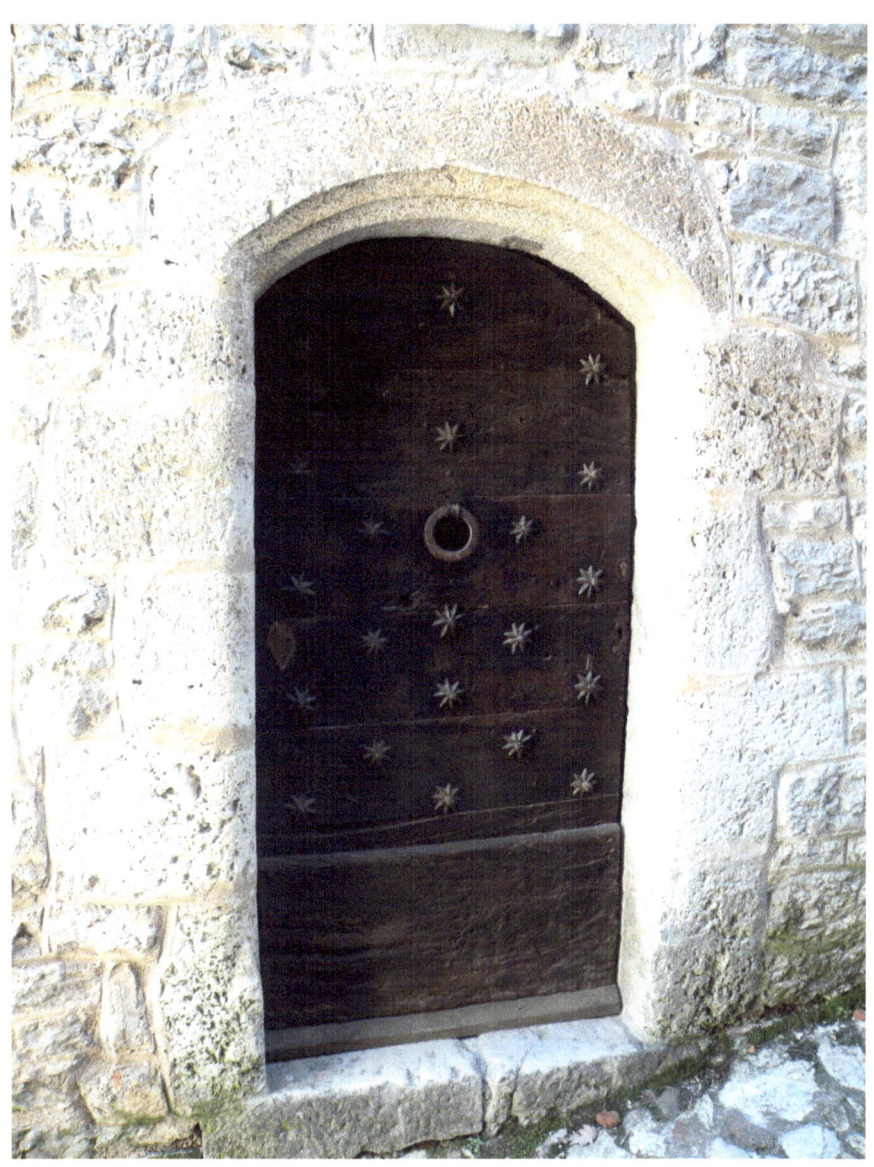

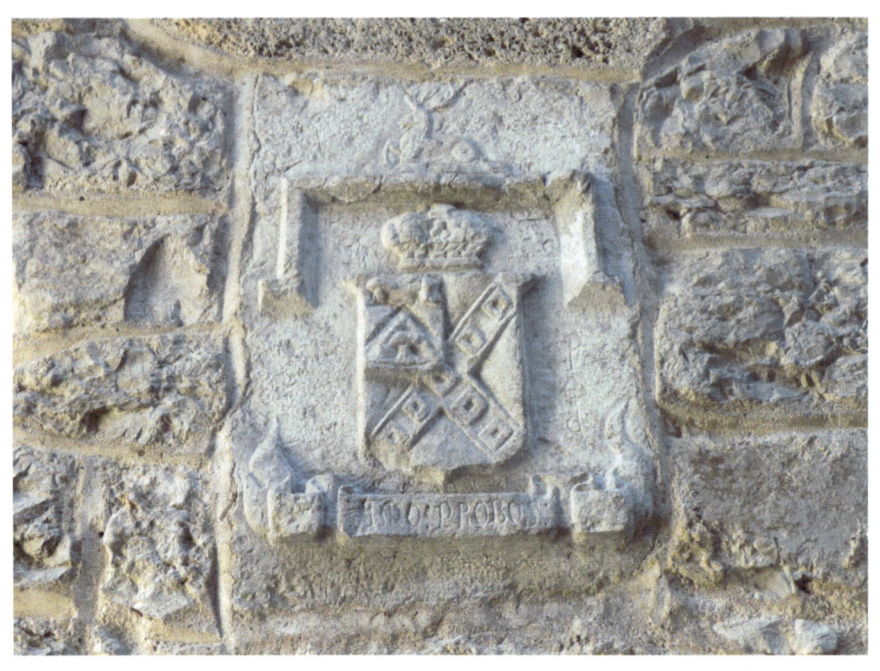

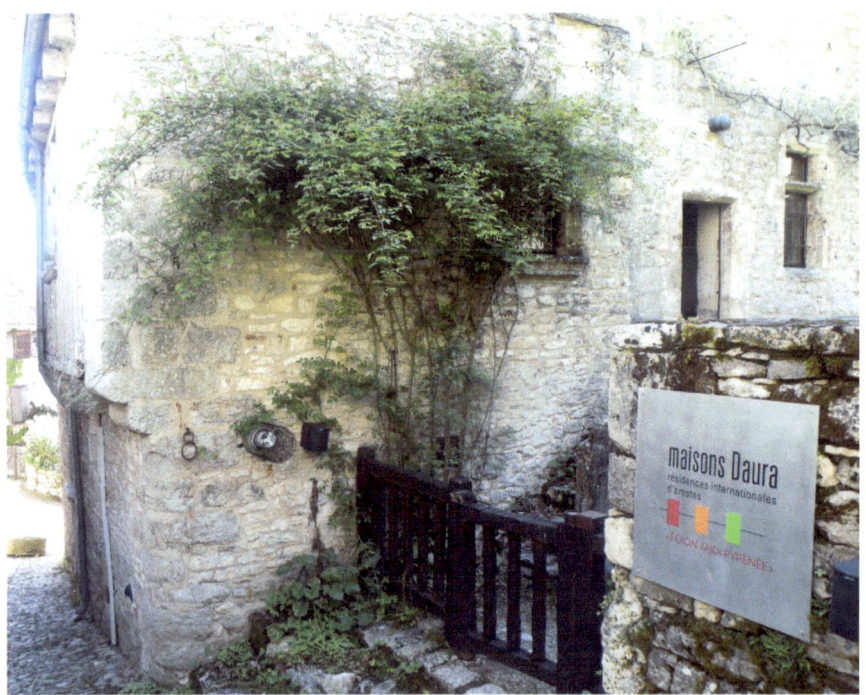

Le Rocher de la Popie

En continuant la montée, en sortant du village vers le parking aménagé sur la route de Bouziès (parking à 2 euros en mai 2012, quand celui plus proche du centre est à 3 euros), le Rocher de la Popie, le Lot, l'église (et l'office de tourisme) s'apprécient d'un seul regard.

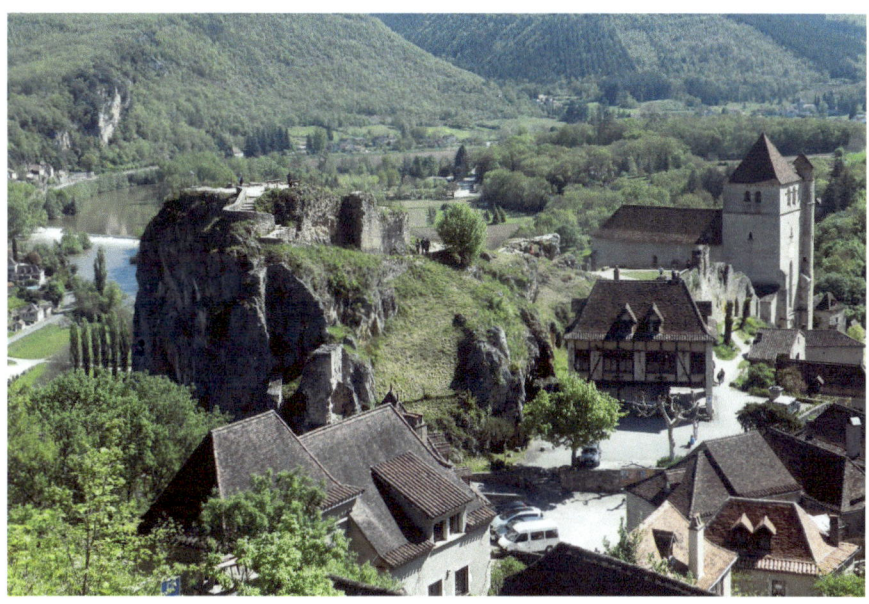

La popie signifie *rocher en forme de mamelle*, c'est là que fut érigé un château fort dont subsistent les soubassements.
Ce rocher et le belvédère désormais aménagé offrent des points de vue sur l'ensemble de la vallée... mais je préfère celui au niveau du parking, englobant le Lot, sa vallée et le village.

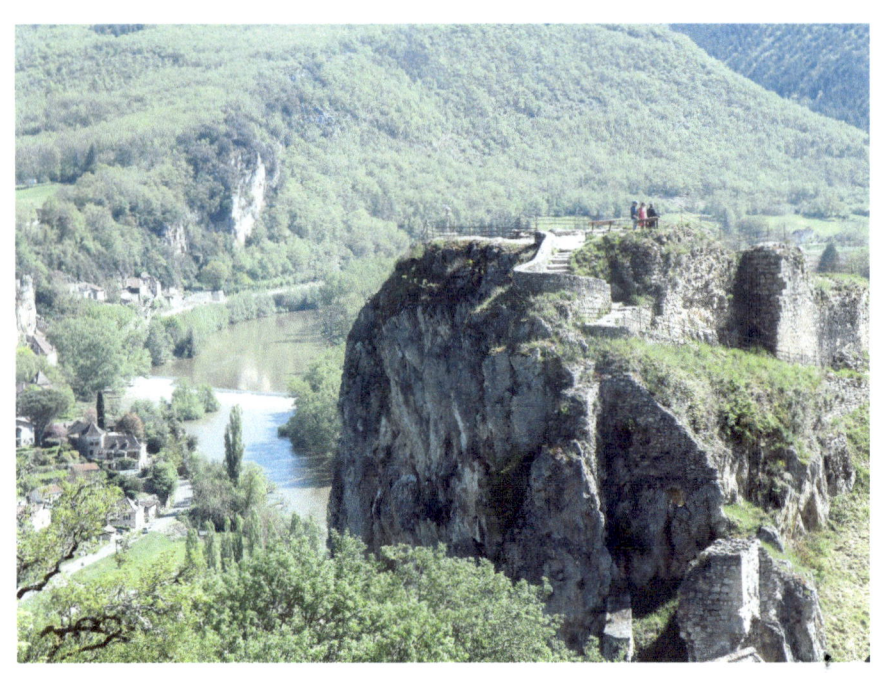

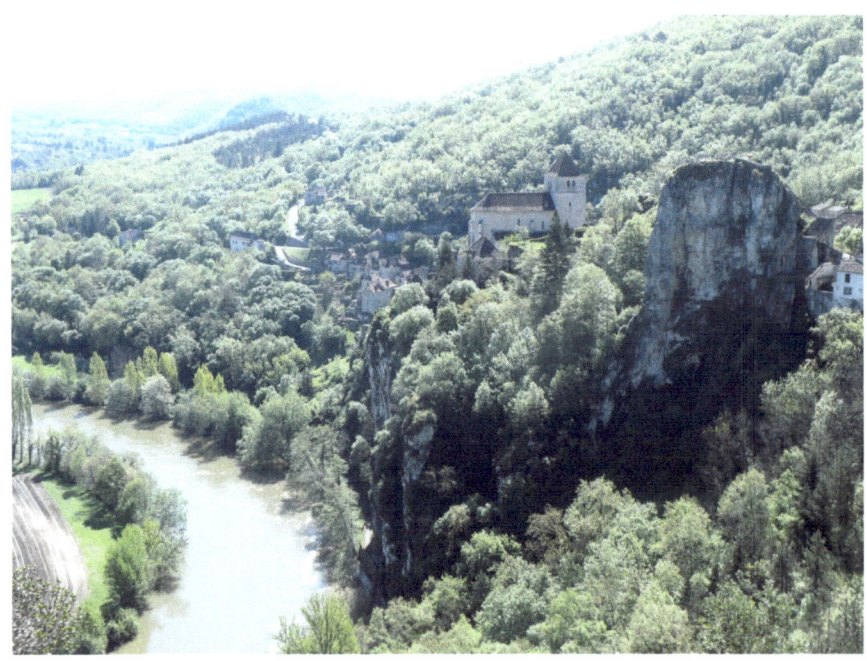

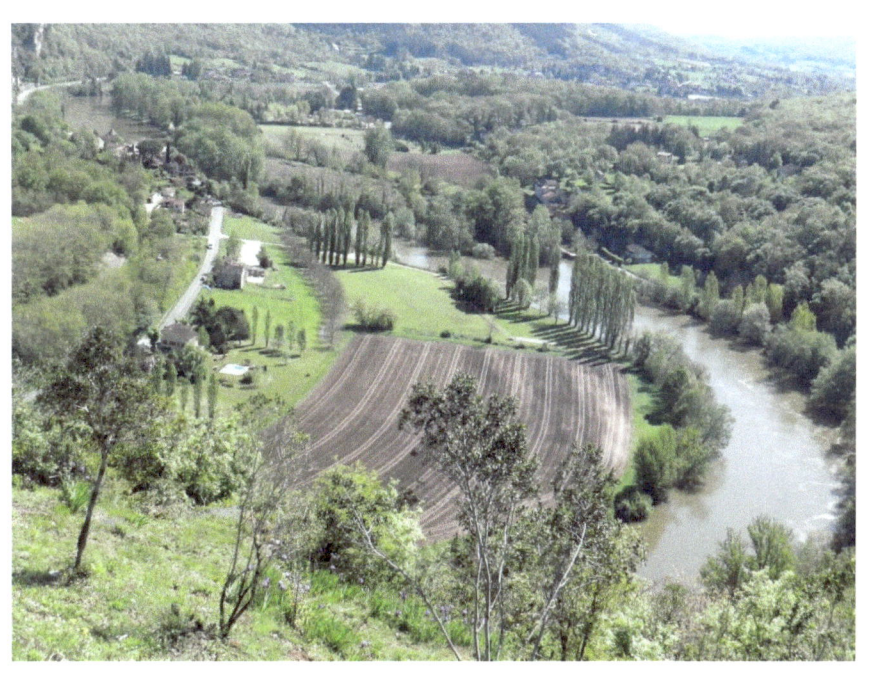

Le Pigeonnier de Bancourel

J'aime les pigeonniers. Je peux même vous annoncer la publication imminente d'un livre sur les pigeonniers du sud-ouest. Donc quand dans la liste des Monuments Historiques, m'est apparu le Pigeonnier de Bancourel, protégé récemment, depuis le 11 août 2010, je me suis promis de l'approcher. Mais comme pour nombre d'autres monuments historiques, aucune indication.
Heureusement, à l'office de Tourisme, ce pigeonnier, propriété de la commune, est connu : en face du parking à deux euros, en direction de Bouziès, sur la D40.
La municipalité a attendu son classement aux MH pour bénéficier de subventions ? Sa restauration présence une certaine urgence, sa dégradation s'amplifiant.

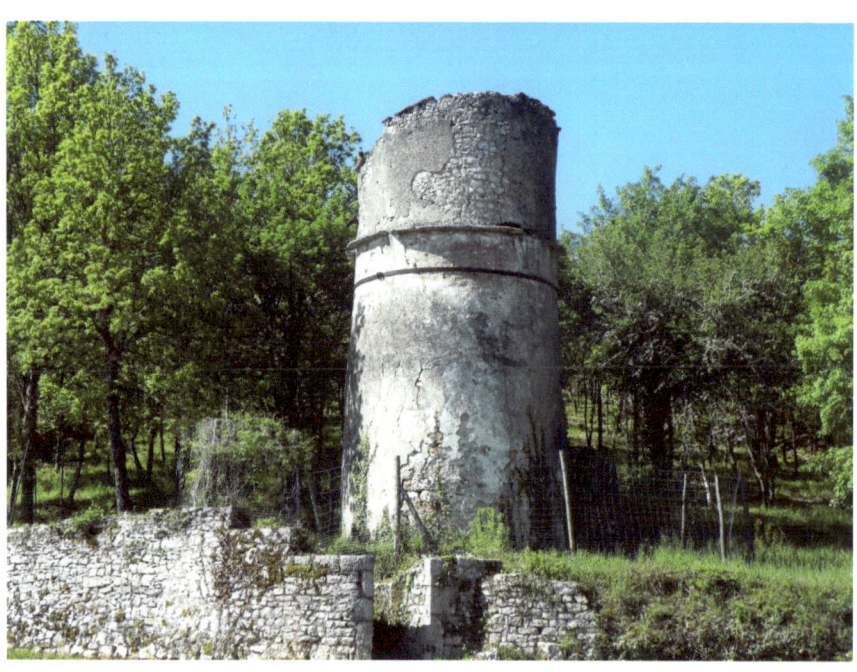

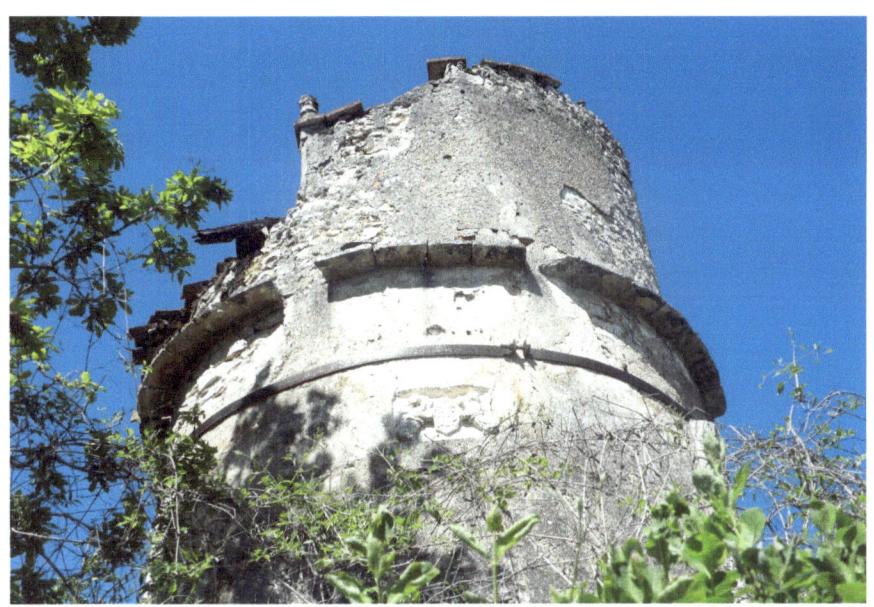

Comme sur quelques maisons, un motif sculpté. Un travail remarquable de précision.

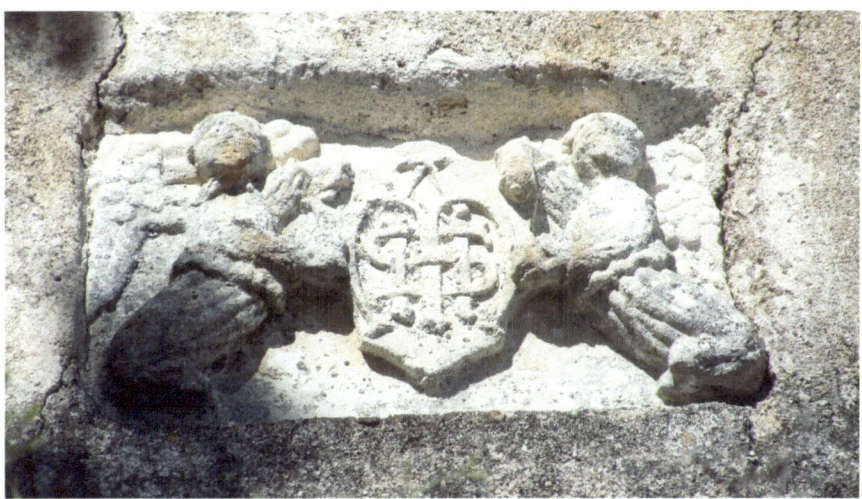

Sans une consolidation de l'assise, ce patrimoine est en danger. Mais le pire s'observe à l'intérieur avec un amas de tuiles et bois...

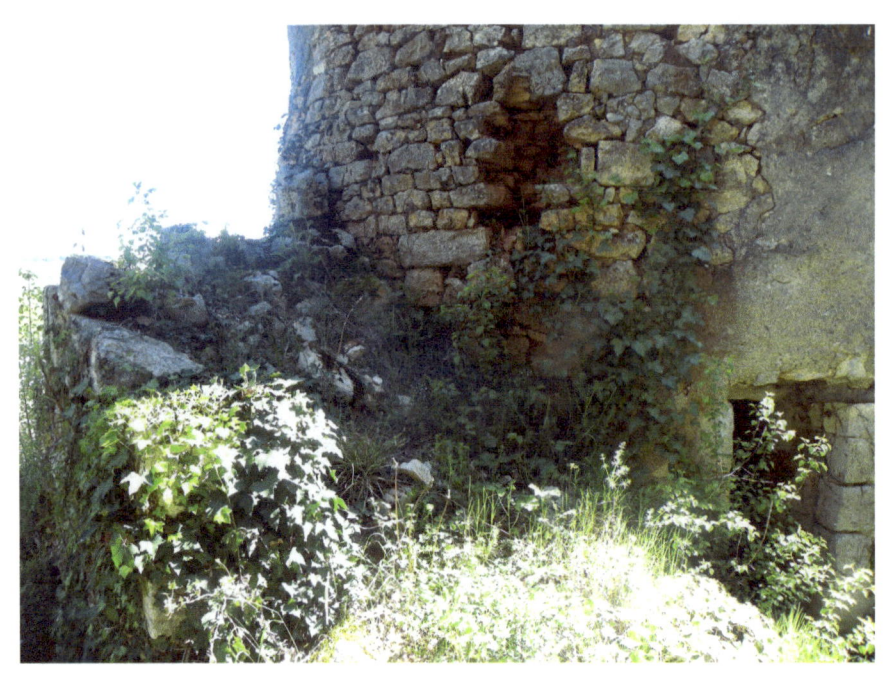

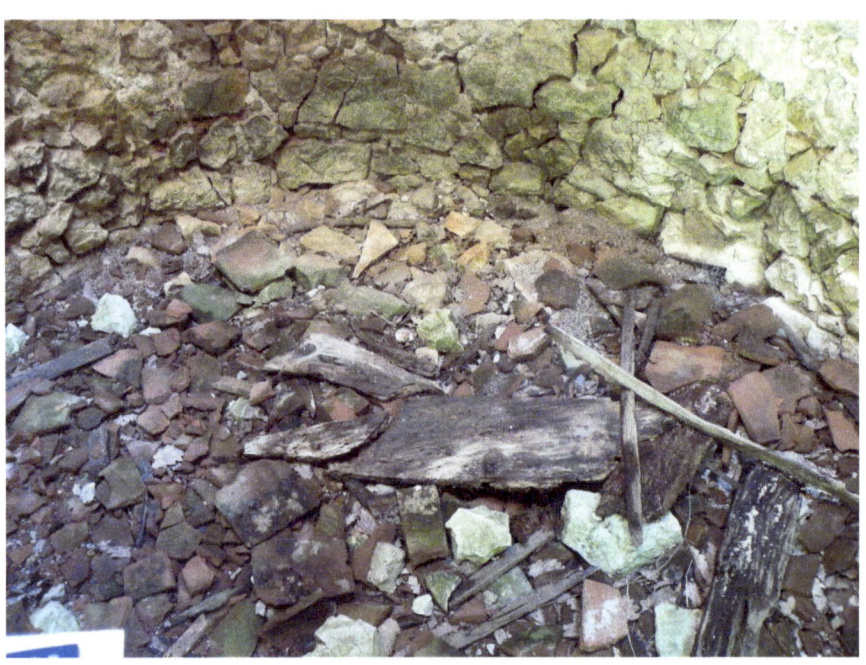

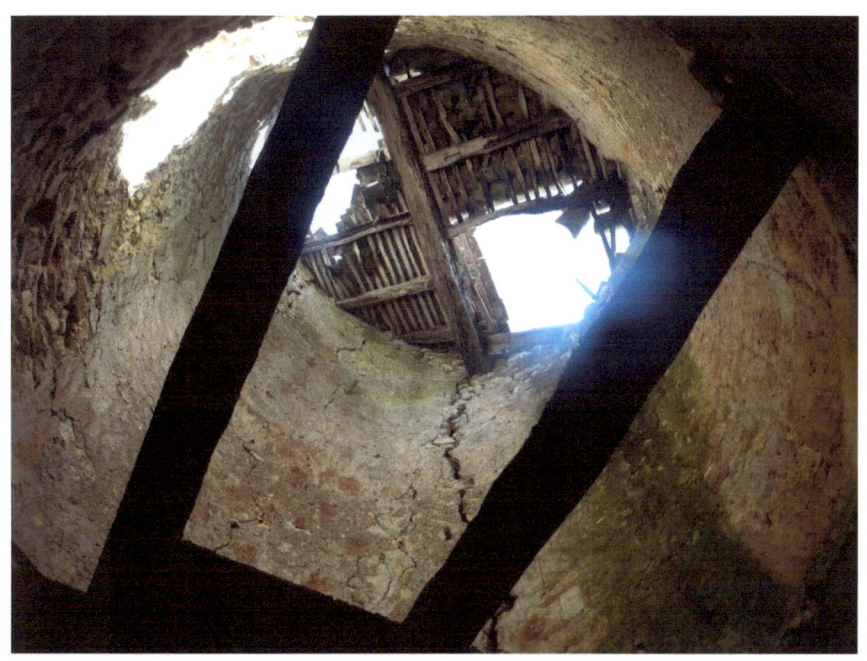

Certes, un grillage (à moutons) en "bloque" l'accès et cette "négligence" ne devrait pas apparaître devant les yeux des touristes ! Même sans qualification spéciale en bâtiment, je remarque une fissure, le verdissement d'un pan et l'état du toit ! Présence en ce lieu déconseillé : une tuile tombera sous peu !
Puisse cet ebook (livre papier 2014) passer devant les personnes habilitées à lancer la restauration immédiatement ! N'hésitez pas à relayer l'indignation...

Saint Cirq Lapopie selon Henri Martin

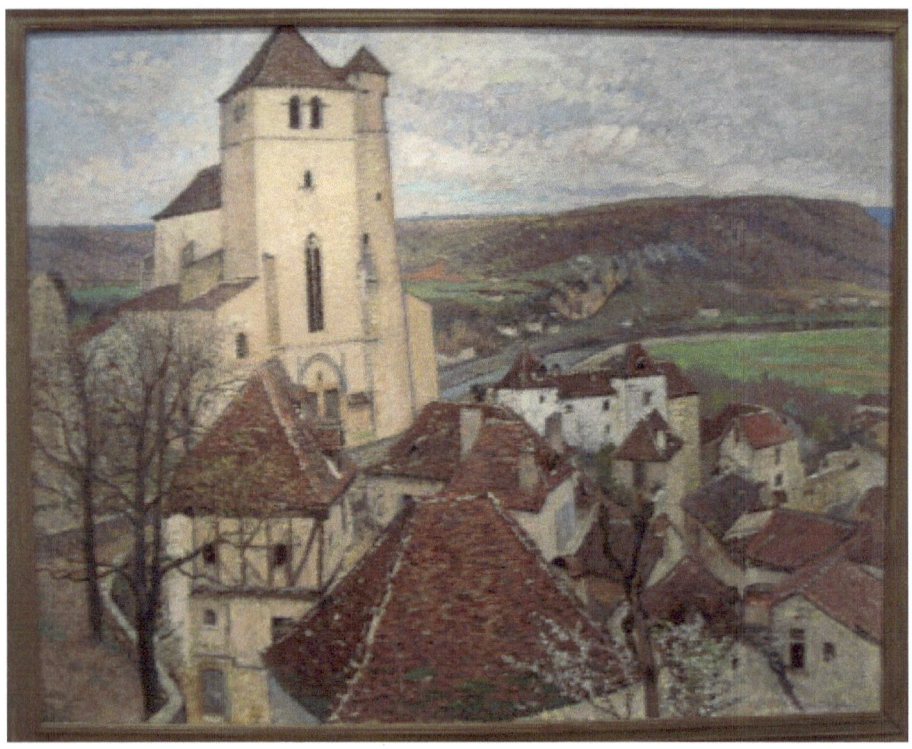

Le tableau intitulé *Saint Cirq Lapopie* par Henri Martin, du musée de Cahors. Etant donné la configuration de l'église, je me doutais qu'il fallait redescendre vers le parking, en contournant le bourg. Je pense m'être arrêté pas loin d'où s'installa le peintre.

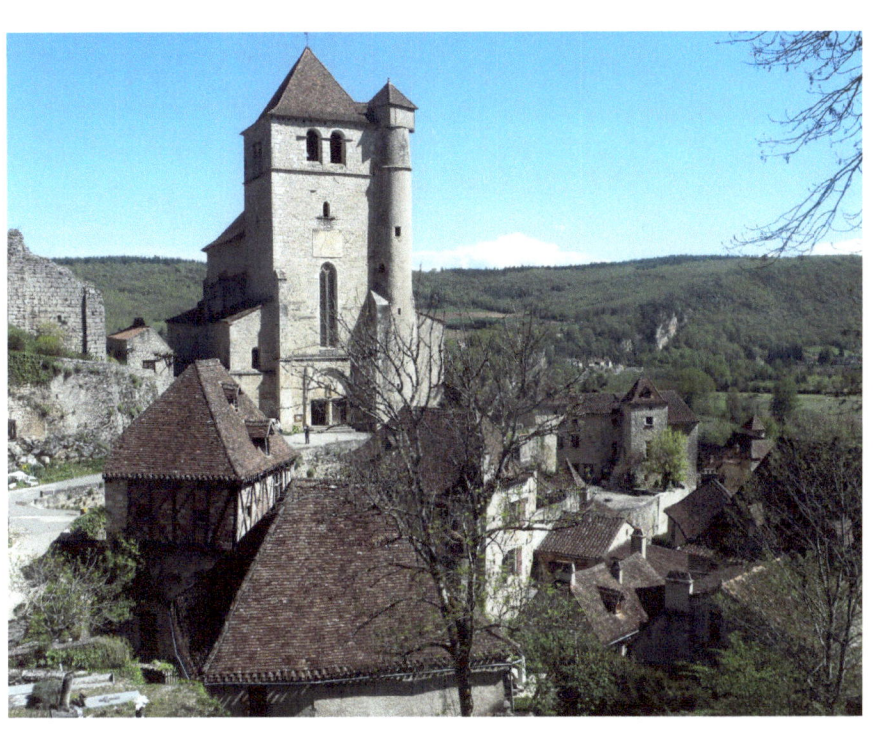

Les toits (Saint Cirq Lapopie) par Henri Martin

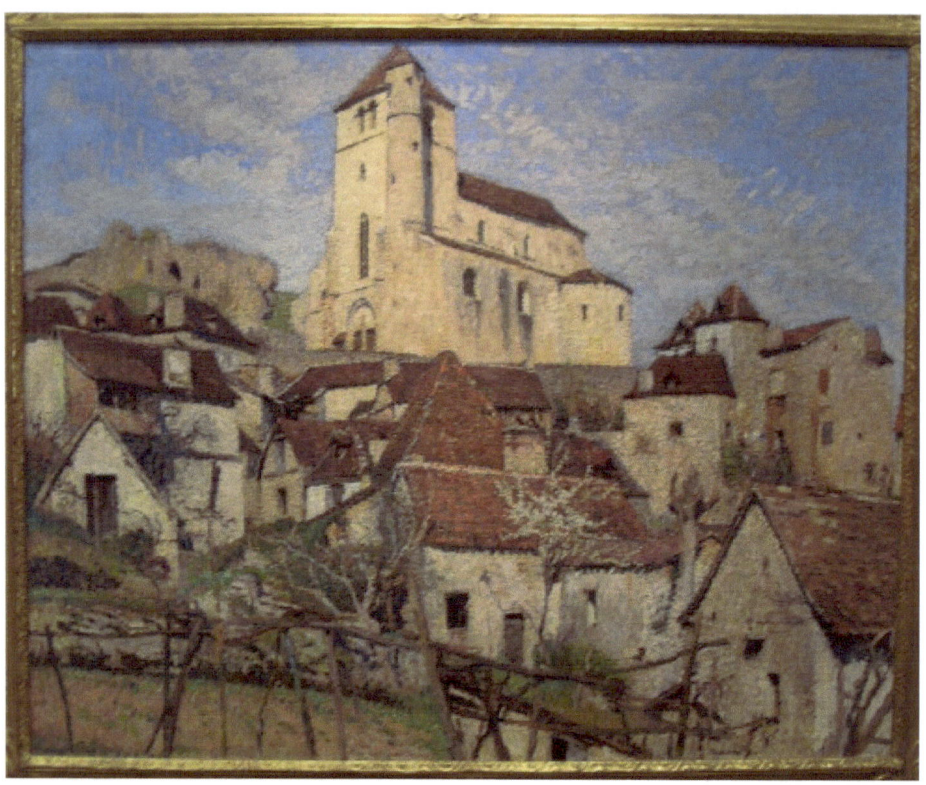

Henri Martin. Musée de Cahors. Il existe toujours des vignes. Mais il semblerait qu'elles furent replantées un peu plus haut, dans la montée vers le village en venant du parking gratuit en arrivant de Limogne-en-Quercy.

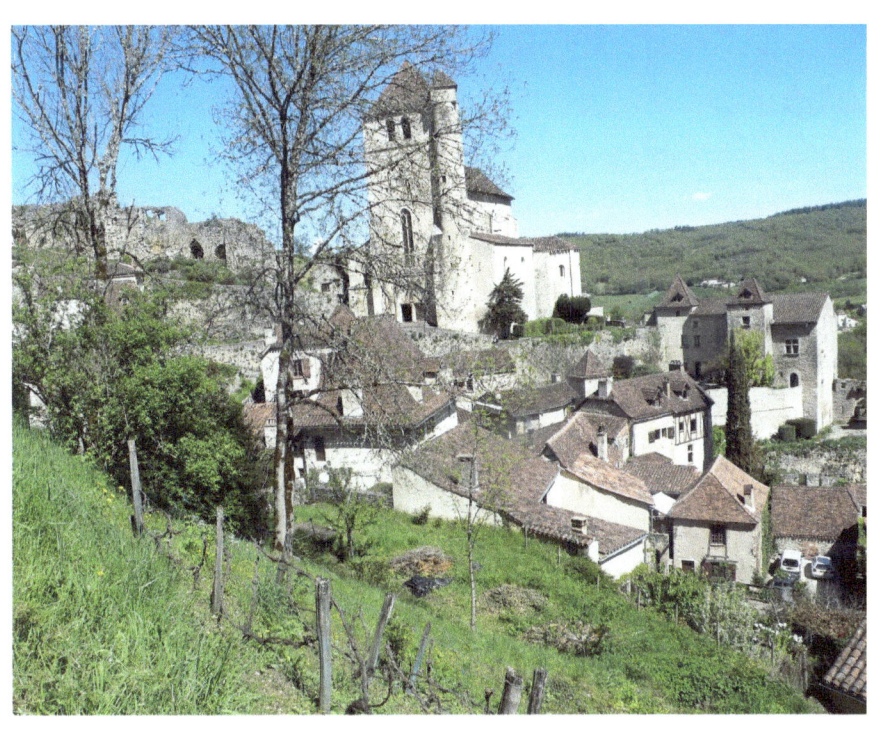

Redescendre...

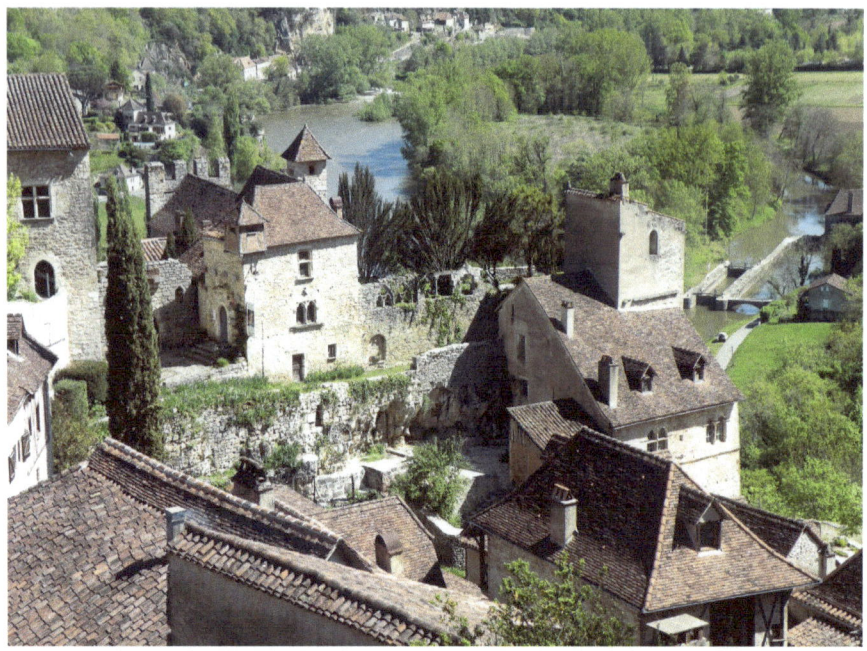

De gauche à droite, la Maison Rignault, le Lot, la maison d'Henri Martin, l'écluse.

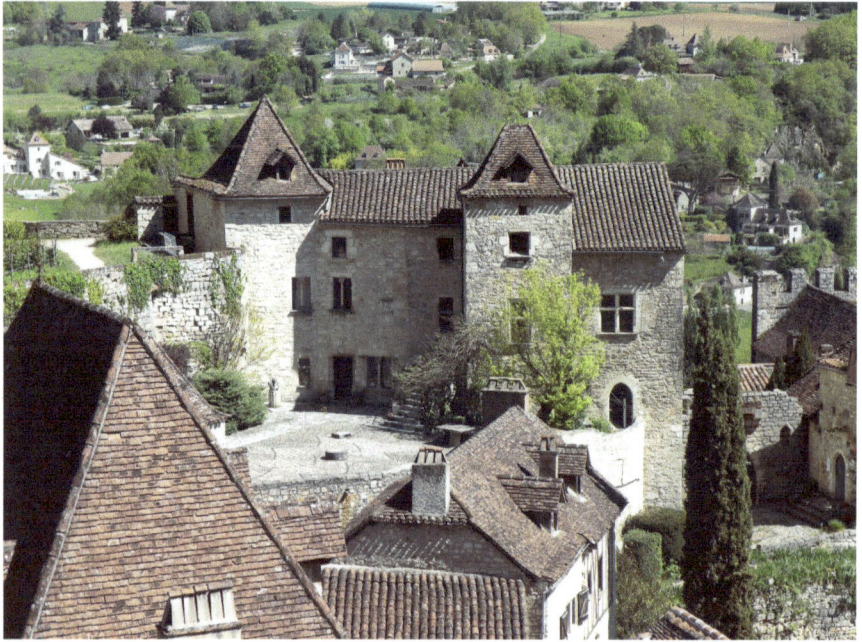

L'église...

Omniprésente, l'église gothique mérite quelques précisions. Elle fut édifiée à partir de 1522, englobant l'ancienne chapelle seigneuriale romane. Ainsi les dates du 12e, 13e, 14e et 15e siècle lui sont accolées.
Elle est classée aux Monuments Historiques depuis le 13 juillet 1911, avec la précision : *"une tour carrée formant clocher, accompagnée d'un escalier en tourelle ronde, s'élève sur la première travée."*

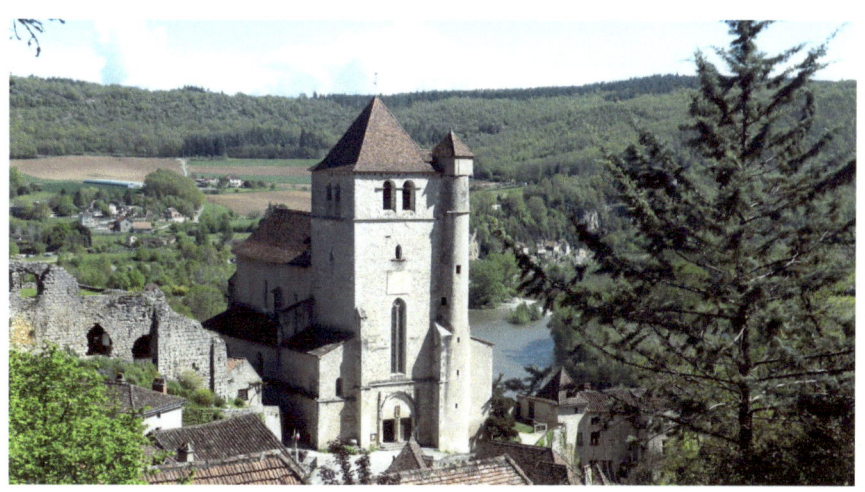

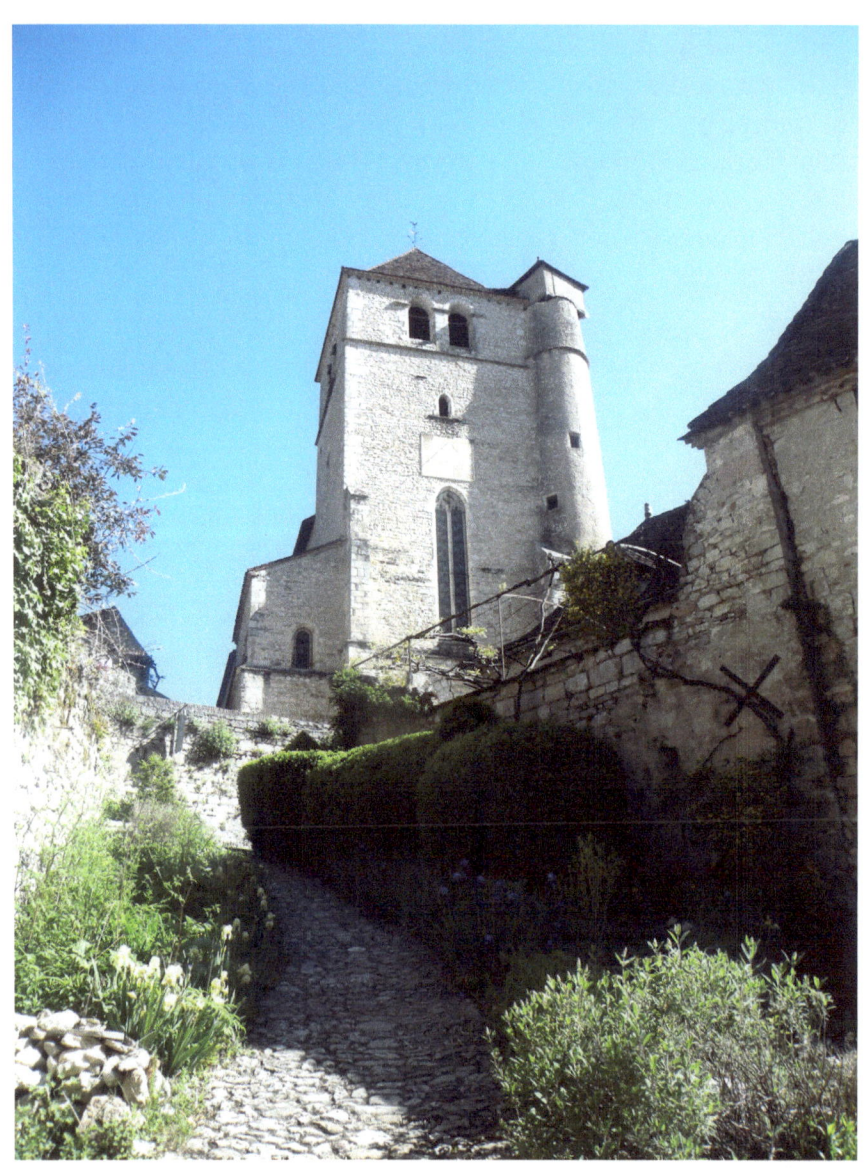

L'écluse

Le village vu de l'écluse. L'église et la maison de monsieur Martin (son pigeonnier) se repèrent le plus facilement.

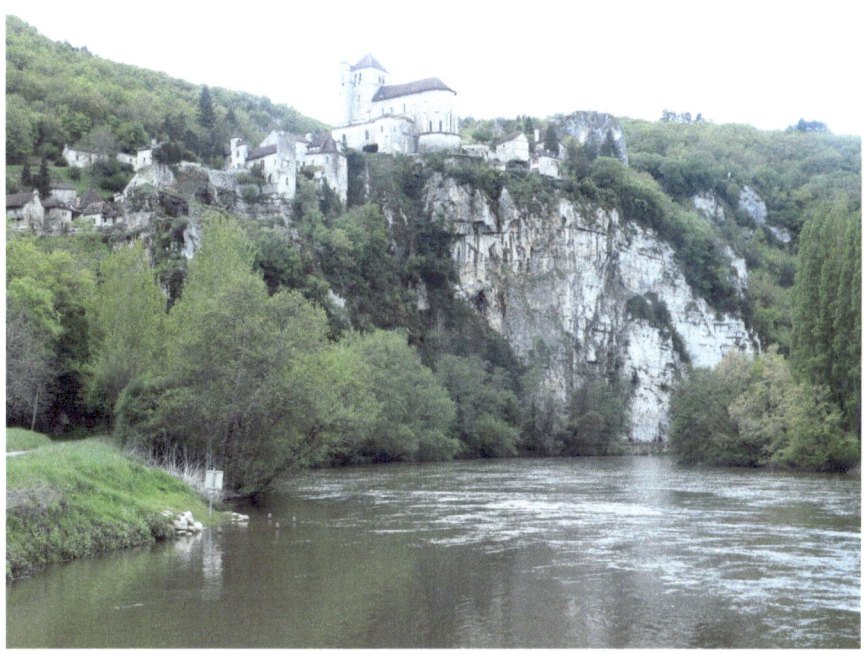

L'écluse elle-même, c'est du village, qu'elle se voit le mieux. Mais un gros plan sur l'habitation qui fut sûrement celle de l'éclusier permet de retrouver l'architecture classique des maisons du Quercy.

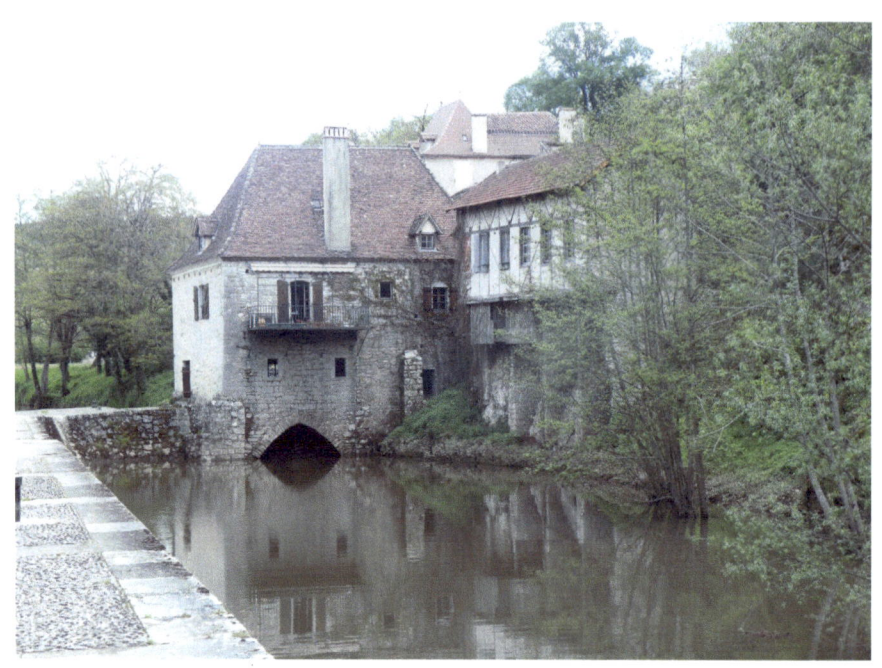

À côté de l'écluse, un puits :

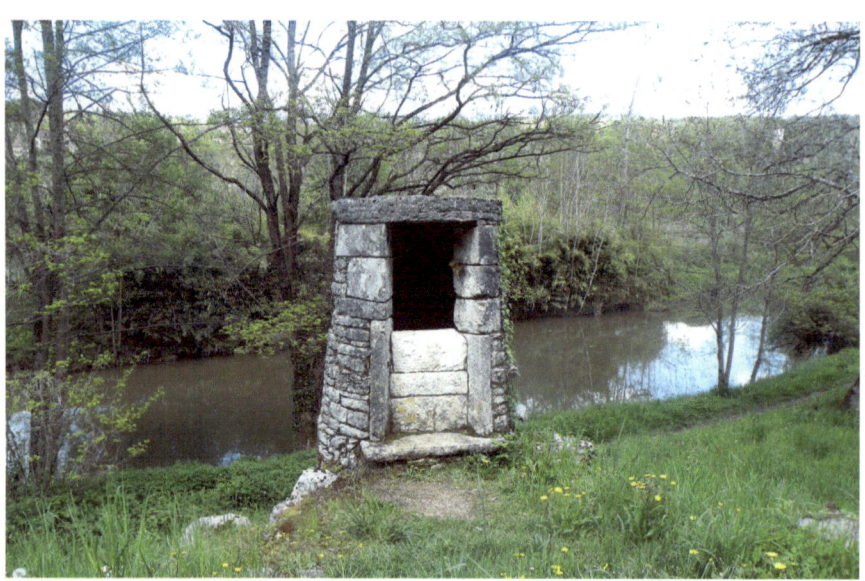

Le lot...

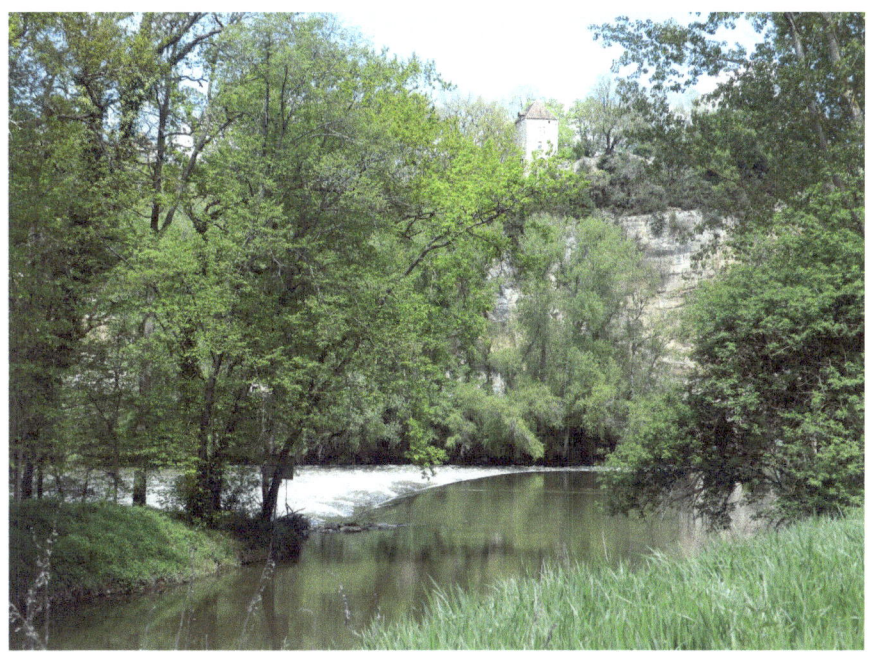

Repartir...

Et ne pas oublier de se retourner...

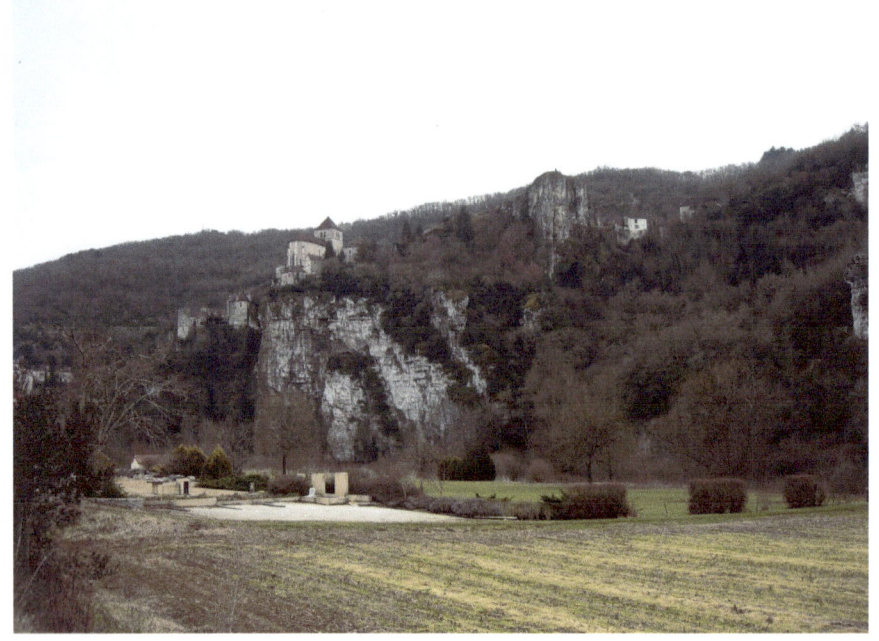

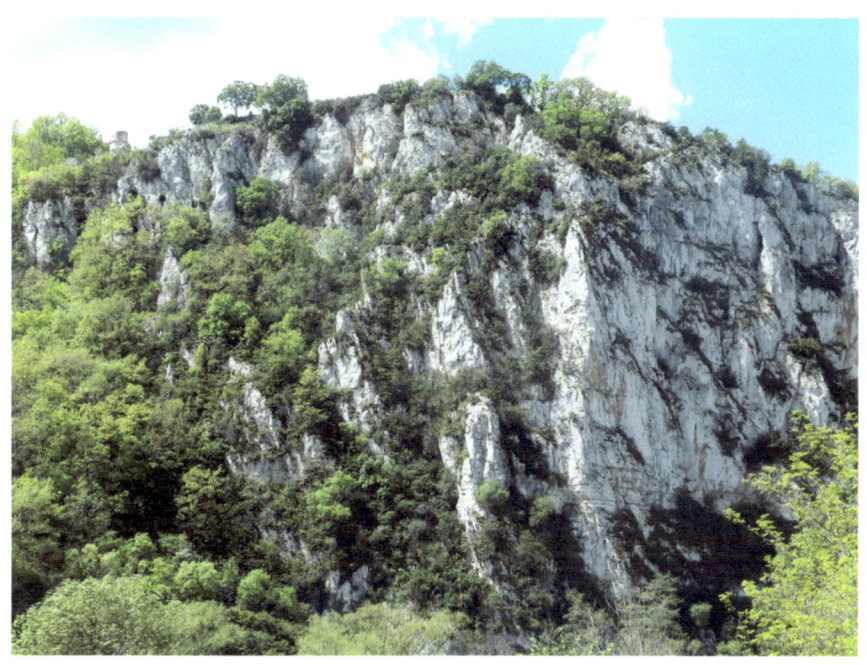

Le petit point minuscule en haut à gauche, oui, il s'agit bien du pigeonnier à restaurer...

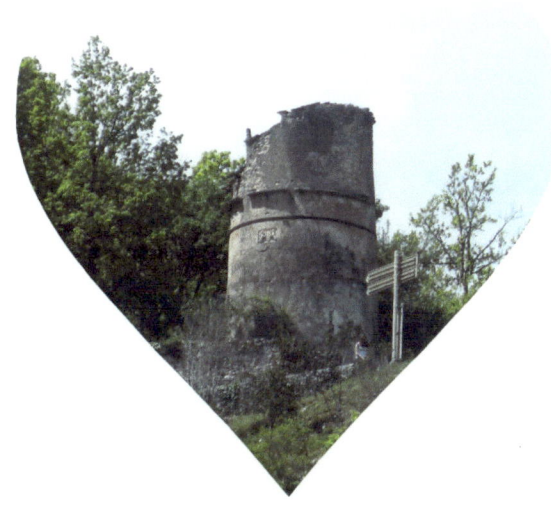

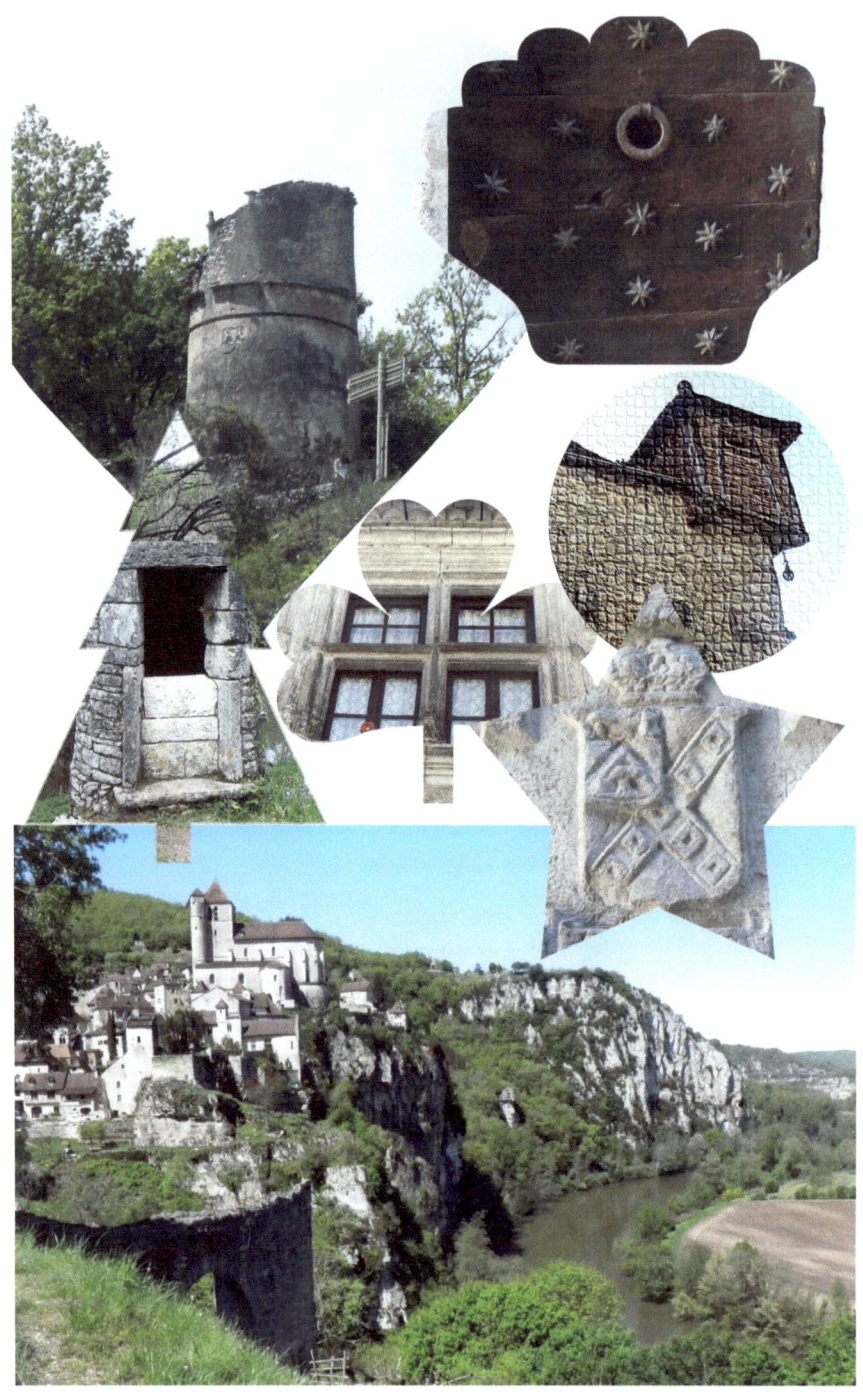

Revenir...

Terminé le parking gratuit, tout le monde doit payer pour voir. Retour "hors-saison"... je me suis arrêté le long du chemin de halage... Ils ont "écouté"... le pigeonnier est restauré... malheureusement un affreux crépi a recouvert ses pierres plutôt que de les mettre en valeur !

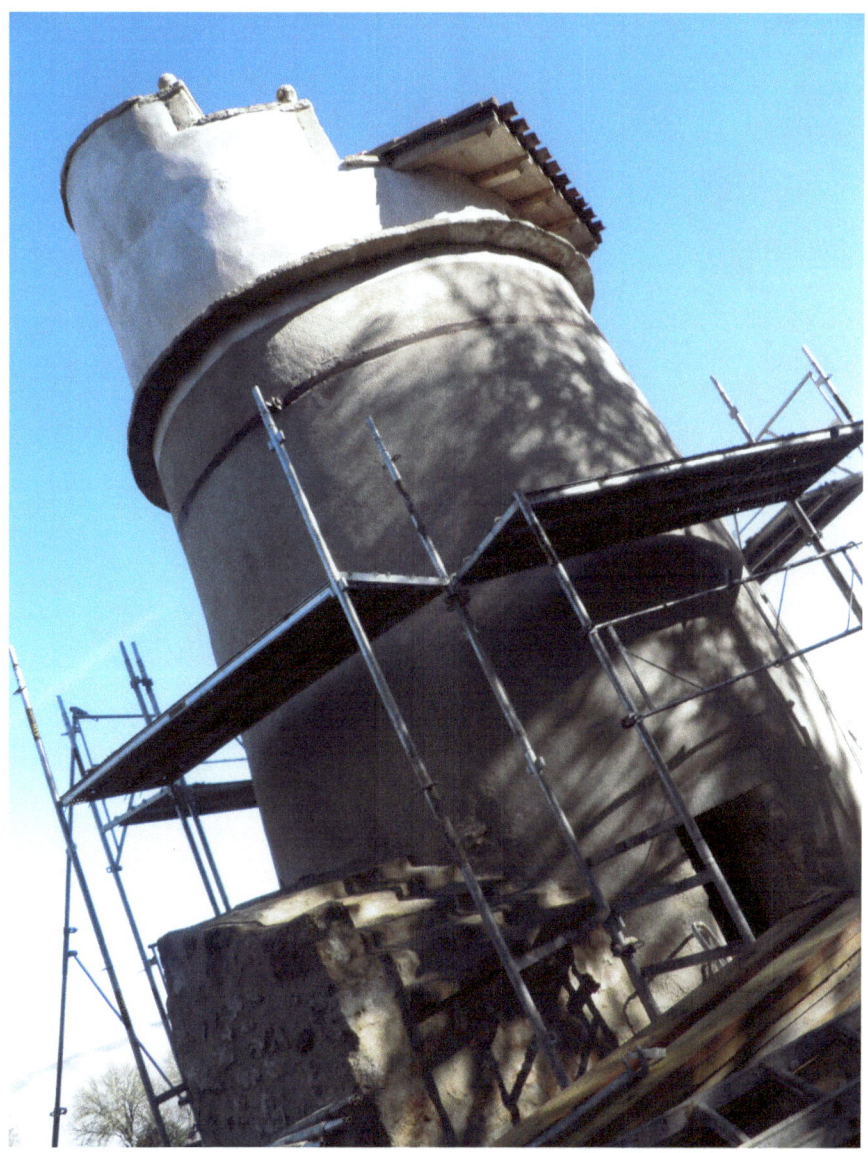

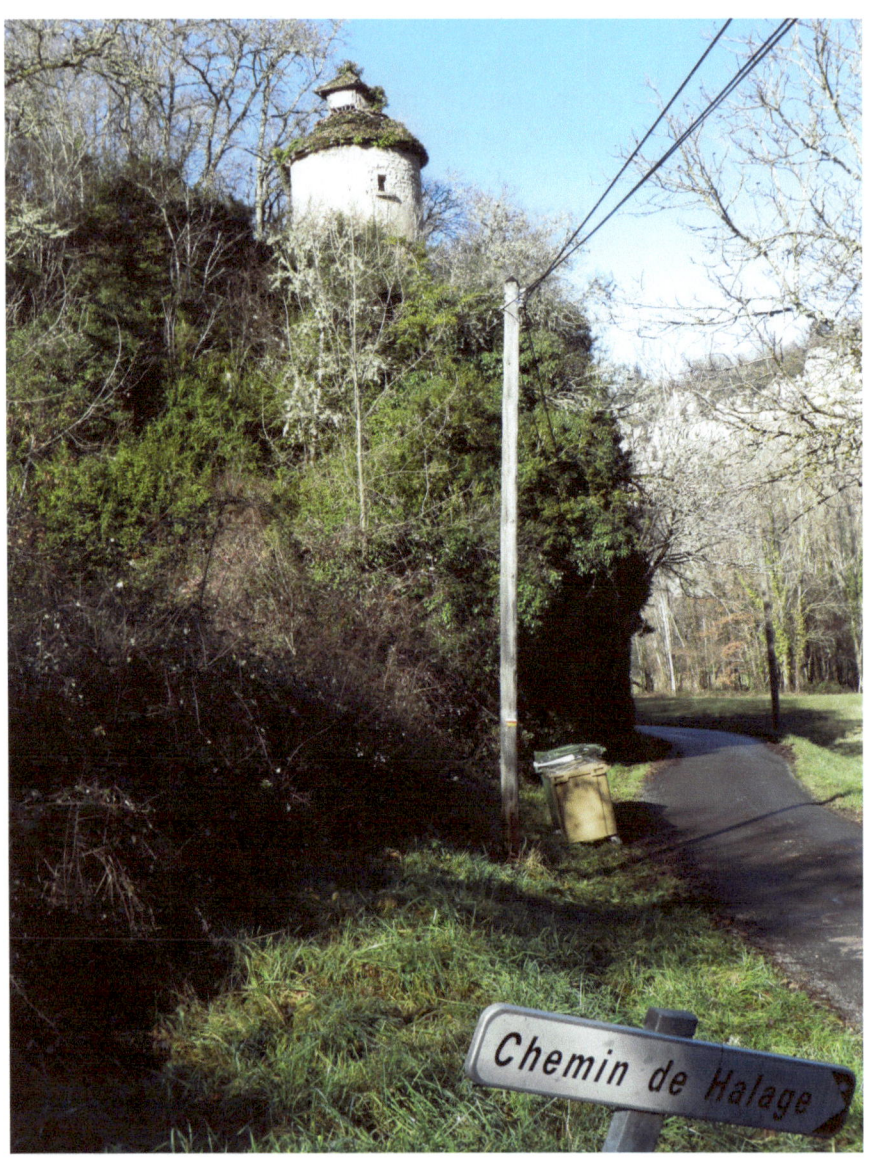

Ainsi le plus beau pigeonnier se situe désormais chemin de halage...

Que s'est-il passé à Saint Cirq Lapopie dans la nuit du 18 au 29 septembre 2013 ?

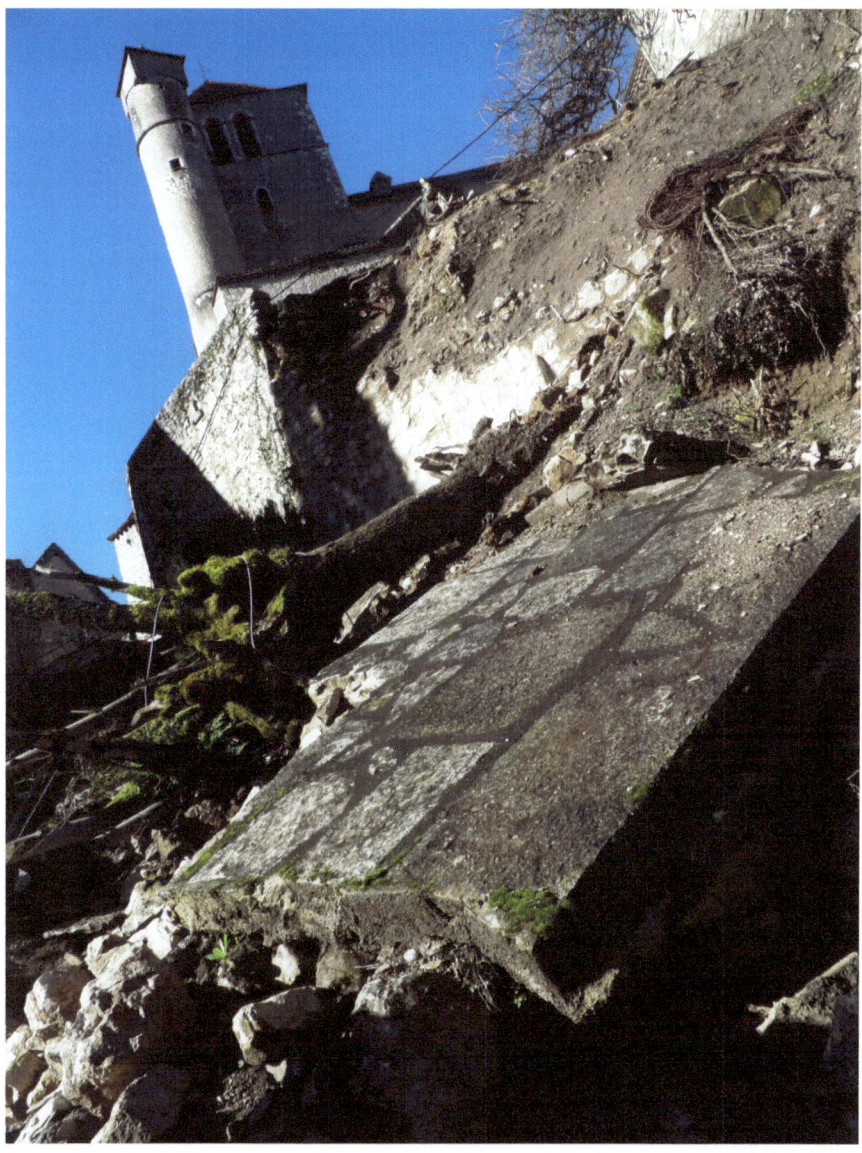

Oui, il s'agit bien de la nuit du 18 au 29 septembre 2013, selon le maire qui, n'était pas encore Gérard Miquel. Un avant-goût de la nuit d'apocalypse lotoise où ce village disparaîtra dans le Lot ?

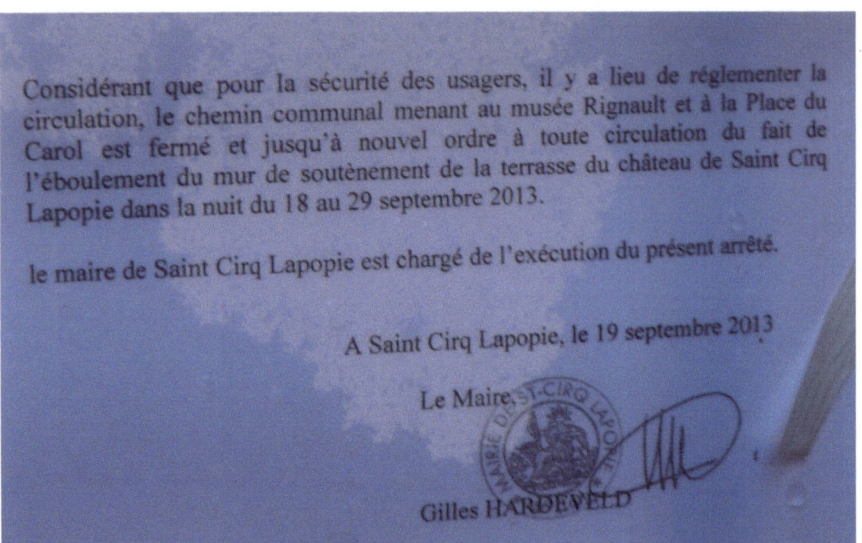

Puis je suis monté dans le clocher... « *Le clocher étant fermé au public en temps normal, il appartient aux visiteurs d'adopter un comportement responsable pour ce qui concerne leur propre sécurité et la bonne conservation des lieux.* »

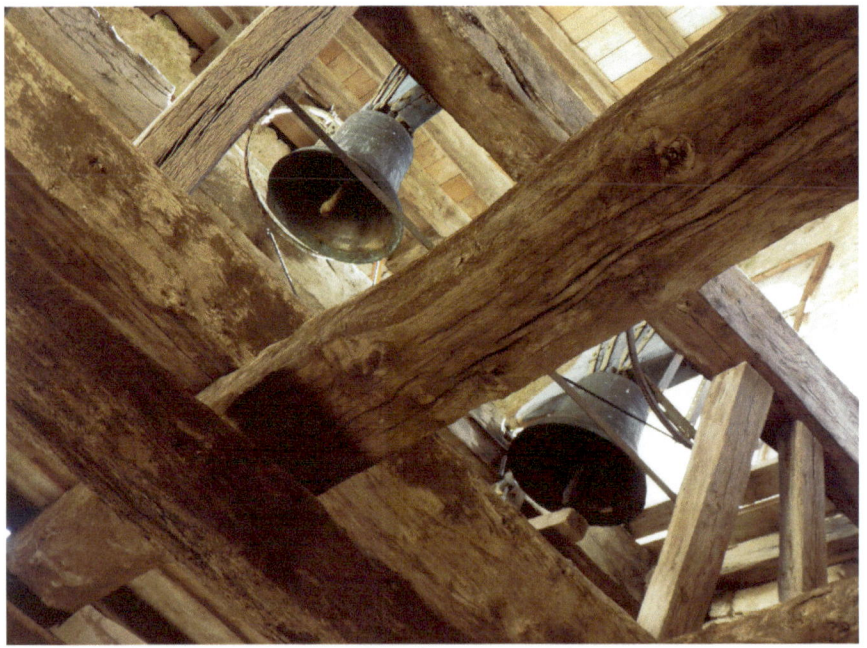

Stéphane Ternoise

Né en 1968, il publie depuis 1991. Il est depuis son premier livre éditeur indépendant.

Dès 2004, il a proposé des livres numériques, en PDF. Mais c'est en 2011 seulement que les ventes dématérialisées ont démarré. Son catalogue numérique (depuis mi 2011 distribué par Immateriel) a ainsi rapidement dépassé celui du papier, grâce à des essais, des livres de photos... tout en continuant la lente écriture dans les domaines du théâtre et du roman. Depuis octobre 2013, et son « identifiant fiscal aux États-Unis », son catalogue papier tend à rattraper celui en pixels.
http://www.livrepapier.com ou
http://www.livrepixels.com

Il convient donc, de nouveau, d'aborder l'auteur sous le biais de l'œuvre. Ainsi, pour vous y retrouver, http://www.ecrivain.pro essaye de fournir une vue globale. Et chaque domaine bénéficie de sites au nom approprié :
http://www.romancier.net
http://www.dramaturge.net
http://www.essayiste.net

http://www.lotois.fr

Vous pouvez légitimement vous demander pourquoi un auteur avec un tel catalogue ne bénéficie d'aucune visibilité dans les médias traditionnels. L'écriture est une chose, se faire des amis utiles une autre !

Catalogue (le plus souvent en papier et numérique, parfois uniquement les pixels, le travail de mise en page papier demandant plus de temps que d'heures disponibles)

Mentions légales

Tous droits de traduction, de reproduction, d'utilisation, d'interprétation et d'adaptation réservés pour tous pays, pour toutes planètes, pour tous univers.

Site officiel : http://www.ecrivain.pro

Dépôt légal à la publication au format ebook du 21 mai 2012. **Edition revue le 24 mai 2015.**

Imprimé par CreateSpace, An Amazon.com Company pour le compte de l'auteur-éditeur indépendant.
livrepapier.com

ISBN 978-2-36541-531-6
EAN 9782365415316

Saint-Cirq-Lapopie, le plus beau village de France ? - Stéphane Ternoise versant photographe lotois de Stéphane Ternoise
© Jean-Luc PETIT - BP 17 - 46800 Montcuq - France

www.ingramcontent.com/pod-product-compliance
Lightning Source LLC
Chambersburg PA
CBHW040228220526
45473CB00001B/161